U0494998

潘光旦文选

潘光旦 著

泰山出版社·济南·

图书在版编目（CIP）数据

潘光旦文选 / 潘光旦著. -- 济南：泰山出版社，2025.6. -- （中国近现代思想文库）. -- ISBN 978-7-5519-0929-7

Ⅰ.C52

中国国家版本馆CIP数据核字第2025Q5Z535号

PANGUANGDAN WENXUAN

潘光旦文选

责任编辑　刘紫藤
装帧设计　路渊源

出版发行　泰山出版社
　　　　　社　　址　济南市泺源大街2号　邮编　250014
　　　　　电　　话　综 合 部（0531）82023579　82022566
　　　　　　　　　　出版业务部（0531）82025510　82020455
　　　　　网　　址　www.tscbs.com
　　　　　电子信箱　tscbs@sohu.com
印　　刷　山东通达印刷有限公司
成品尺寸　165 mm×240 mm　16开
印　　张　12.75
字　　数　153千字
版　　次　2025年6月第1版
印　　次　2025年6月第1次印刷
标准书号　ISBN 978-7-5519-0929-7
定　　价　39.00元

凡　例

一、本书收录了作者的经典文章或片段节选，主要展现了作者的学术造诣、思想追求和情感操守，以及当时的时代风貌等。

二、将所选文章改为简体横排，以符合现代阅读习惯。原文存在标点不明、段落不分、标题缺失等不便于阅读之处，编者酌情予以调整。

三、所选文章尽量依照原作，保持原作风格及其时代韵味，同时根据需要，对原文进行了适当的删减和订正。

四、对有些当时惯用的文字，如"的""地""得""作""做""哪""那""化钱""记帐"等，仍多遵照旧用。

目 录

中国家谱学略史 / 001

通谱新解 / 023

演化论与几个当代的问题 / 030

优生与社会设计 / 040

优生教育论 / 048

环境、民族与制度 / 058

宣传不是教育 / 064

荀子与斯宾塞尔论解蔽 / 070

派与汇 / 079

国难与教育的忏悔 / 116

介绍陈通夫先生的《人口问题》 / 121

冯小青——一件影恋之研究 / 127

霭理士的性教育观 / 172

读霭氏《性道德论》后 / 178

《性心理学》译序 / 190

中国家谱学略史

谱系之学，由来已久。古者帝王诸侯之世系掌于专官。《周礼》春官：瞽矇"讽诵诗，世奠系"。又："小史奠系世，序昭穆。"奠训定。郑注："系世谓帝系世本之属"；"小史主次序先王之世，昭穆之系，述其德行；瞽矇主诵诗并诵世系，以戒劝人君。"唐贾公彦疏云："天子谓之帝系"，"诸侯卿大夫谓之世本。"周末，诸侯相侵暴，国亡族散，益以秦并天下，铲除旧籍，遂无复稽考；见于今者惟《大戴记》之《帝系姓》，及已亡而搜辑不完之《世本》。《帝系姓》为司马氏《五帝本纪》所自出。《世本》相传为周末史官所记，晋皇甫谧及近人章炳麟以为即左丘明所纂述，盖得之《后汉书·班彪传》，《彪传》中首论左氏《国语》，续曰"又有记录黄帝以来至春秋时帝王公侯卿大夫，号曰《世本》，一十五篇"；文虽衔接，而《世本》之作者，固不能必其为左氏也，《隋书·经籍志》则谓汉刘向撰；清儒孙星衍《重集〈世本〉序》中则云撰义同集，刘向但负网罗之责，而非自作。是固无待多辨，《班彪传》不云乎："司马迁采左氏《国语》，删《世本》《战国策》……"则《世本》固秦以前物也。孙氏并谓是书在宋初已多改窜散佚，无复全豹；今见于王谟增订之《汉魏丛书》及他处者为清代钱大昭、孙冯翼、雷学淇诸人先后重辑。洪饴孙复有《世本辑补》十卷及《世本识馀》，论者称其用力甚勤。今其内容虽不足尽信，要为古代谱系学之硕果仅存，可无疑也。

战国时，楚有三闾大夫，专掌王族，屈原尝为之；王逸注《离骚》曰："三闾之职，掌王族三姓，曰昭、屈、景；屈原序其谱属，以厉国士。"秦时又有《春秋公子血脉谱》——或省称《公子谱》——者，相传为荀卿所作，宋王应麟《玉海》中尝引列之，盖亦《世本》之属，惟其可信之程度，则尤在《世本》之下。后世论谱学者，则以为汉以后士庶家史通谓之"谱"者，殆以此为滥觞。《血脉谱》果否为荀卿所作，今自无考；然荀子于当时谱系之功用，则固尝论及之。《礼论篇》有曰："葬埋敬藏其形，祭祀敬事其神，其铭诔系世敬传其名。"今之世系，荀子时犹称系世，且为卿大夫家敬宗追远所宜履行之一种文字行为，于此亦可以窥见焉。

汉代平民之谱学不重。帝室及诸侯王之谱系，则事关继世传统，自不容不详尽。秦代制度多不师古，然丞相以下，置有宗正，所以掌王之宗亲；汉代因之，为九卿之一。后世之宗正寺（唐及宋）、宗正院（元）及宗人府（明及清）即由是推演而出。《后汉书·百官志》注引胡广曰，宗正"岁一治诸王世谱，差叙秩第"，盖与"奠系世序昭穆"之任务完全相埒。《汉书·艺文志》历谱类载《帝王诸侯世谱》二十卷，大率即为宗正之成绩。《晋书·职官志》言"宗正统皇族宗人图谍"。唐宗正寺置有图谐官及修玉牒官各一人，前者掌宗室图谱，后者掌帝系。宋祥符以后，皇族谱系始专称玉牒；一朝之"大政治，大号令，大更革，大拜罢"皆与世系相对胪列，以符牒字之义。明清两朝玉牒，则专详宗室世系，不涉史事。宋宗室属籍以十年一进，见《宋史·职官志》。《清会典》则称"玉牒以十年纂修一次……统以帝系，序以长幼，存者硃书，殁者墨书"，盖犹未失"奠系世序昭穆"之原意也。

汉代谱录，除《帝王诸侯世谱》仅见于班《志》外，见于其他载籍者有《扬雄家牒》《邓氏官谱》，及颍川太守聊氏《万姓谱》。《万姓谱》见于郑樵《氏族略》序。《邓氏官谱》在晋乱时即佚，扬氏《家牒》散亡亦早，刘歆《七略》最先引之，后世固知子云以甘露二年生。唐时，《艺文类聚》礼部犹得转辗引其文曰："子云以天凤五年卒，弟子侯芭负土作坟，号曰元冢。"又曰："云卒，桓君山为敛赗起祠茔。"刘知幾《史通》言家史范围，亦尝引列之。惟家牒一书，实质兼谱传，且恐泰半为家传，故章宗源考证隋代经籍，以之入杂传而不入谱牒。质诸《汉书》扬雄本传，亦谓"自季至雄，五世而传一子，故雄亡它扬于蜀"，则可知扬氏当时实少可以为谱之资料。章氏或有见及此也。外此赵岐有《三辅决录》，应劭有《氏族篇》，王符《潜夫论》中亦志及氏姓，然皆非谱学之正。终两汉之世，谱学虽无可称道，然谱学作品自不止此三数种；《晋书·挚虞传》曰"虞以汉末丧乱，谱传多亡失，虽其子孙，不能言其先祖"，因撰《族姓昭穆记》；可知设无丧乱，存谱或较多也。

汉人不重谱学，有一大原因焉。曰，大族之迁徙频繁。汉代政府强制移民之事实，读史者具能言之。自高帝九年至成帝鸿嘉二年，一百七十余年间，据近人阚铗群之核计，前后官办之移民运动凡十七次。其中所移为豪富大族者凡六次。高帝九年，从刘敬"强本弱末"之议，徙"齐诸田；楚昭、屈、景；燕、赵、韩、魏后；及豪桀名家"，以实关中，凡十余万口。是为第一次。武帝元朔二年，又徙郡国豪杰及訾三百万以上于茂陵。太始元年，又徙郡国吏民豪杰于茂陵云陵。昭帝始元四年，徙三辅富人云陵。宣帝本始元年，募郡国吏民訾百万以上徙平陵。成帝鸿嘉二年，徙郡国豪杰訾五百万以上五千户于昌陵。是为六次中之最后一次。此种移徙之目的，名为守陵，或调剂地方经济，实则无非为"强本弱末"计耳。自我辈今日之眼光观之，此种政策之强本不可必，而弱末则竟成事实。赵岐《三辅决录》之自序曰："三辅本雍州地，世世徙公卿吏二千石及高赀者以陪诸陵；五方杂会，非一国之风；其士贵于名行，其俗失则趋势进权。"是强本未可必也。吾人之心理，久于其地则爱其地；久与其宗族相属，则敬宗收族之谊油然自生；而谱牒一类之文字事业自应运而出。今移徙频繁，既夺其祖宗所世守之郡邑，又离其所久与周旋之宗族，则情谊既杀，而为谱之动机于焉锐减。是弱末竟成事实也。孙星衍序《校补〈元和姓纂〉辑本》，有曰："姓氏与郡望相属，乃知宗派所出。……三代以上，官有世禄，各居其国都。自汉时徙豪右入关，而郡望非其土著。"盖亦解释汉代谱学所以不振之言也。

自魏至唐，约七百年，为中国谱学最盛之时期。魏立国之初（黄初元年，西元后二二〇），制九品中正之法：州郡各置中正，铨定其地之人口为九品，登诸簿状，以备选举。于是门第大重，而谱学得一特殊发展之动力。九品中正之法，晋及六朝皆沿用之，至隋开皇时始完全废除；故两晋六朝，谱学尤称极盛；至唐而未替者，则犹此制之流风余韵使然焉。请就此时期中谱学进步之大较分五端言之：

一、国立谱官谱局。

二、谱学及姓氏学专家之代有其人。

三、谱学在书库中之特殊地位与其内部之分化。

四、谱学作品之多。

五、谱学与史学之关系。

一曰政府设谱官或谱局，专司谱牒之收藏与修订。郑樵《氏族略》篇首有曰：

> 自隋唐而上，官有簿状，家有谱系。官之选举，必由于簿状；家之婚姻，必由于谱系。历代并有图谱局，置郎、令史以掌之；仍用博古通今之儒，知撰谱事。凡百官族姓之有家状者，则上之官；为考定详实，藏于秘阁，副在左户。若私书有滥，则纠之以官籍；官籍不及，则稽之以私书。此近古之制，以绳天下，使贵有常尊，贱有等威者也。所以人尚谱系之学，家藏谱系之书。

惟图谱局之组织、任务，与其在行政上之地位，其详已不可考。郑《略》所云太简。今以魏晋而降所可知之事实推之。图谱局大率直隶中书省。三《通》皆言中书省有侍郎、舍人若干人领之，主书十人，书吏二百人，分掌二十一局事；图谱局殆为二十一局之一，中书侍郎殆即郑《略》之"郎"，而主书即为"令史"；齐、后魏、隋皆称主书为"主书令史"。《续通志·氏族略》总叙有曰："历代有图谱局……唐世领以宰相，其郑重犹然若此。"唐时中书省长官与尚书门下二省长官皆称宰相，故云；然谱官或谱局直隶中书之事实，则自魏及唐，无大变也。又中书省之主书或主书令史似为一种通称，其任务实不一律，故名称时式略异；《通典》与《通考》之论官品也，俱曰"尚书中书秘书著作及主书主图主谱（令）史"作八品。由是可知除一般之主书令史以外，复有主图主谱之令史焉。

图谱局之任务有三，一为谱系之收藏，二为谱系之厘订；是殆属令史及书吏之事。其三则为谱之撰作，即就各家谱第之在官者，综合而会通之，以成所谓"总谱"者。此则非硕学者不办，故又有"知撰谱事"之职。梁武帝时，王僧孺尝居斯职，撰有《十八州谱》《百家谱》《东南谱集抄》等书，说详下文。

郑《略》称历代有图谱局，而未言始自何代。今征之《通典·食货》，则若谱官之设，虽自魏晋，而专局之组织，则在梁武帝时。《通考》论官品，谓"主谱史"属正八品，其下注有魏晋二字。是魏晋即有谱官之明证。顾谱局又何自昉乎？魏及晋初，九品官人之法初行，其所据以为铨选之簿状式簿籍，大都翔实。及咸和（晋成帝年号）以后，一厄于苏峻之乱，再厄于元嘉（宋文帝年号）以后之保管无方，三厄于宋齐二代之多所改制，而簿籍乃大坏；卒至"凡粗有衣食者莫不互相因依，竞行奸货，落除卑注，更书新籍，通官荣爵，随意高下"；其影响所及，于国则"士庶不分，杂役减阙"，而人才无由铨序；于家则"假称高曾"，"罕知其祖"，而血统于以紊乱。沈约时为尚书令，乃创整理谱牒之议，上武帝书曰："宜选史传学士谙究流品者为左人郎，左人尚书，专共校勘；所贵卑姓杂谱，以晋籍及宋永初景平籍在下省者，对共雠校；若谱注通籍有卑杂，则条其巧谬，下在所科罚。"《通典》谓武"帝以是留意谱牒，诏御史中丞王僧孺改定《百家谱》"。又谓"由是有令史书吏之职，谱局因此而置"。李延寿《南史·王僧孺传》亦载有此段事实，惟第言武帝自此留意谱牒，而无令史书吏谱局之语。

二曰谱学及姓氏学专家之代有其人。试先就作家之朝代，姓名，及作品列表如次：

朝代	作家	作品及卷数
晋	挚虞	族姓昭穆记 10 卷
晋	贾弼	十八州百一十六郡谱 712 卷
宋	王弘	——
宋	何承天	姓苑 10 卷 后魏河南官氏志　若干卷
宋	刘湛	百家谱 2 卷
齐	王俭	百家集谱 10 卷 新集诸州谱 12 卷 诸姓谱 116 卷
齐	贾希鉴（一作镜）	氏族要状（一作永明氏族状）15 卷
梁	王僧孺	百家谱 30 卷（一作 80 卷） 百家谱集（抄）15 卷 东南谱集抄 10 卷 梁武帝总责境内十八州谱 690 卷（一作 710 卷） 范氏谱若干卷 徐义伦家谱 1 卷
梁	徐勉	百官谱 20 卷

续表

朝代	作家	作品及卷数
梁	刘孝标	世说新语注 6 卷
梁	贾 执	百家谱 20 卷（一作 5 卷） 百家谱钞 5 卷 姓氏英贤谱 100 卷
隋？	贾 冠	梁国亲皇太子亲簿（一作传）3 卷（一作 4 篇）
唐	路敬淳	著（一作考）姓略记 20 卷 衣冠谱 60 卷
唐	柳 冲	大唐姓族系录 200 卷（合作者多人）
唐	韦 述	开元谱 20 卷 大唐十四家贵族 1 卷（与吴兢等合作） 国朝宰相甲族 1 卷（与萧颖士等合作）
唐	刘知幾	刘氏家史 15 卷 刘氏谱考 3 卷
唐	孔 至	百家类例若干卷 姓氏杂录 1 卷
唐	李 衢	大唐皇室新谱 1 卷 唐皇室维城录 1 卷 皇唐玉牒 110 卷（与林宝合作）
唐	李匡文	天潢源派 1 卷 圣唐偕日谱 1 卷 玉牒行楼 1 卷 李氏房从谱 1 卷 皇孙郡王谱 1 卷 元和县主谱 1 卷 李文家谱 1 卷
唐	林 宝	元和姓纂 10 卷
唐	柳 芳	永泰新谱 20 卷
唐	柳 璟	续（永泰）谱 10 卷

上表所举，不过谱学专家之特著者耳，然已不可谓非洋洋大

观。自晋及齐、梁诸人，史传或阙或不详，于其谱学之造就，更茫然无考，甚或并其著述之篇名与卷数而略之。惟《梁书》及《南史》俱称徐勉"该综百氏，皆为避讳"。复称王僧孺尝"入直西省，知撰谱事"，西省即上文所云之中书省，后魏时因其位置迳称为西台者是也。唐初谱学，首推路敬淳，《旧唐书》本传称其"明[魏晋以来]谱学，尽能究其根源支派，近代以来，无及之者"；其《衣冠谱》，一作《衣冠本系》，则未及终篇，而敬淳罹祸死。次则柳冲。贞观中，太宗尝诏群臣修《氏族志》百卷，至武后僭号，将近百年，诸姓颇有兴替，冲因上书请增修之，诏即以冲领其事，魏元忠、张锡、萧至忠、岑羲、崔湜、徐坚、刘宪及吴兢等八人为之助；旋合作者泰半物故，事遂中辍；武后末年复诏冲及坚、兢，与魏知古、陆象先、刘知幾等成之，名曰《姓族系录》，多至二百卷。开元初，冲复受诏与薛南金共加审改乃定。复次则韦述。《旧唐书》本传曰："述好谱学，秘阁中见柳冲先撰《姓族系录》二百卷，述于分课之外，手自抄录，暮则怀归；如是周岁，写录皆毕；百氏源流，转益详悉；乃于柳《录》之中，别成《开元谱》二十卷。"大率唐经武后播迁，门胄兴替特多，述书盖就柳谱中族姓之与开元时人有系统关系者钩缀伸引而成。与韦述、柳冲并称者复有李公淹、萧颖士、孔至等。时又有张愔者，亦以谱学著称；宋罗泌《路史》序有曰"张愔之系谱"；郑《志·艺文略》有《帝系谱》二卷，张愔等撰。刘孝标《世说新语注》非直接为谱学之作品，而为根据谱学之作品；其足证作者为谱学专家则一也。

且当时之谱学，不仅为少数个人之专门学问，且成一家数辈之传统学问；所谓"家学渊源"者，亦可于谱学一端见之，诚盛事也。即就上文表中所举者而论。贾氏前后出谱学家四人。自贾弼至贾冠其间血统关系详《新唐书·柳冲传》后，归纳之得下图：

贾弼——贾匪之——贾希鉴——贾执——?——贾冠

贾匪之亦传家学，但著述不详。贾希鉴，《南史》作贾深。《南史》与杜氏《通典》食货门皆曰"贾弼好簿状,大披群族,所撰《十八州百一十六郡谱》,合七百一十二卷,士庶略无遗阙,其子孙代传其业",盖即指此而言。自弼至冠,鼎革凡五六次,而一门家学始终未坠,非学力与毅力俱臻上乘者,曷足以语此?然贾氏诸人,历代史传竟无专录,惟《南史·王僧孺传》后偶一道及,后世论人物者,更漠然不加稽考,如《史姓韵编》,如近日之《人名大辞典》,对之竟无只字道及;夫以累世家学,当时乃不能邀官史家之青睐,坐致声销名灭,不闻于后世,抑亦弥可哀已。

王弘与王俭为从祖孙之关系。《南史》与《通典》俱称弘好贾氏之书,能"日对千客,而不犯一人讳"。俭谱学之著作多至三种,其《诸姓谱》一种多至一百一十六卷。弘弟及俭祖名昙首,史称其有素尚,兄弟分财,唯取图籍;而俭父僧绰尝参掌大选,"究识流品,任举咸尽其分",并尝受诏撰汉魏以来诸废王故事,其得力于家学者,当不在鲜。僧绰之从孙,即俭之再从子筠,即尝于家书中以家门集之多自诩者。柳芳与柳璟亦为祖孙关系。《唐书》称芳于永泰(代宗年号)中撰《永泰新谱》,开成(文宗年号)时璟为翰林学士,受诏掯摭永太后事缀成续谱。唐开元时又有殷残猷,与其少子寅,亦以博通氏族著称。又宋之何承天,梁之王僧孺与徐勉同为东海郡郯人,恐亦不无相当之渊源关系也。

三曰谱录在书库中之特殊地位与谱学内部之分化。郑氏《通志·图谱略》总论有曰:"宋、齐之间,群书失次,王俭于是作《七志》:六志收书,一志专收图谱,谓之《图谱志》。"郑氏盛称之,其《通志》中辟《图谱略》,即直师其意。王俭以谱学家兼治目录学,又生当谱学发皇之时期,宜其有此种创见也。后梁阮孝绪作《七录》,"散图而归部录,杂谱而归记注",于是图谱不复自成一部,而渐归散失;故郑氏谓"隋家藏书,富于今古,然图谱无所系"。后《隋书·经籍志》有谱系类,《唐书·艺文志》有谱牒类。《通志》《通考》仍二《志》之旧,一则于《艺文略》中辟谱系类，一则于《经籍考》中谱系谱牒通用，则犹略存谱学全盛时期之典型焉。

谱学内部之分化，《通志》言之最详。曰帝系，曰皇族（戚里附），曰总谱，曰韵谱，曰郡谱，曰家谱，凡六种。韵谱之方法与其他特异，以四声韵目为张本，盖非至齐、梁而后，不能发达；今坊间流行之林宝《元和姓纂》，成于唐宪宗时，为当日韵谱之硕果仅存者。郡谱之方法同总谱，而范围或较小，限于少数或一二州郡之氏族。总谱以汉之聊氏《万姓谱》为滥觞，及两晋六朝而大盛；郡谱则始于齐王俭之《新集诸州谱》，隋唐而下，无为之者。

四曰谱学作品之多。先就《通志·艺文略》中所载者言之。《通志》兼及魏晋以前及赵宋时谱学作品，但不多，去之则存：

帝系	12部	54卷
皇族	15部	145卷
总谱	35部	1054卷
韵谱	8部	58卷
郡 谱	12部	849卷
家谱	68部	205卷
共	150部	2365卷

《隋书·经籍志》所载凡四十一部，三百六十卷；附谓如通计亡书，则得五十三部，一千二百八十卷；是可知四十一部三百六十卷者，当系长孙无忌等纂修《隋书》时实存之数。《旧唐书·艺文志》载三十九部，一千六百一十七卷，并不著录者计之，则共得九十五部，一千九百五十卷，较《隋志》所载实存之数为大增益矣。然隋唐为谱学全盛之末期，累世积聚之总成绩，无论存佚，必远在二《志》所载之上。清代章宗源作《隋经籍志考证》，根据《世说新语注》及其他载籍，补入五十五部，其中八部合得四十卷，余四十七部之卷数无考；四十七部中，舍二部外，余悉为家谱。

梁刘孝标注《世说新语》，旁搜远引，实间接为谱学一大功臣，有不能不特加注意者。刘氏所引家谱多至四十种。今就家谱名称，及征引次数列为下表，借觇当时谱学发达之一斑：

家谱名称	代表人物	征引次数
王氏谱	王　导	25
谢氏谱	谢　安	8
庾氏谱	庾　会	7
刘氏谱	刘　简	7
羊氏谱	羊　欣	6
桓氏谱	桓　冲	4
许氏谱	许元度	4
殷氏谱	殷仲堪	3
温氏谱	温　峤	3
袁氏谱	袁　耽	3
陈氏谱	陈　述	2
华峤谱叙	华　峤	2
周氏谱	周　翼	2
挚氏世本	挚　隐	2
顾氏谱	顾　夷	2
魏氏谱	魏　隐	2
郗氏谱	郗　憎	2
吴氏谱	吴坦之	1
孔氏谱	孔　忱	1
冯氏谱	冯　怀	1
陆氏谱	陆　逞	1
诸葛氏谱	诸葛恢	1
杨氏谱	杨　朗	1
傅氏谱	傅　瑗	1
虞氏谱	虞　球	1
卫氏谱	卫　永	1

续表

家谱名称	代表人物	征引次数
曹氏谱	曹茂之	1
李氏谱	李 志	1
索氏谱	索 元	1
戴氏谱	戴 逯	1
贾氏谱	（贾弼）	1
郝氏谱	郝 普	1
韩氏谱	韩绘之	1
张氏谱	张 湛	1
荀氏谱	荀 寓	1
王氏家谱	王 浑	1
祖氏谱	祖 广	1
阮氏谱	阮 牖	1
司马氏谱	司马丞	1
共39家		106次

他若《陶氏叙》《袁氏世纪》《太原郭氏录》等，疑其不为严格之家谱，故未列入。《王氏谱》与《王氏家谱》疑不为一书，今分列为二。前者之王为琅玡临沂王，以王祥、王览为宗；后者为太原晋阳王，以魏司究王昶为宗；章宗源《隋志考证》并为一谈，于太原谱不另著录，殆出误解。章氏并提及《文选·王文宪集序》注中所引之《王氏家谱》，此则确为琅玡谱，盖至唐时"家谱"二字流行已久，而《文选》之注者（李善）不复为名词上之推敲也。

上文所论，其涉及南北朝者，大率限于南朝。然北朝谱学亦有可言者。刘知幾《史通·书志篇》曰："谱牒之作…中原有方司殿格。"《唐书·艺文志》列《后魏方司格》一卷。又《新唐书·柳冲传》末有曰："魏太和时诏诸郡中正各列本土姓族次第，为选举格，名曰方司格。"方司格与当时南方盛行之簿状谱牒有何分别，今已无考。魏初不重氏族，及后沾染汉化，初则申同姓不婚之禁

（文帝太和七年），继则改国姓定氏族（太和二十年）。史称文帝雅重门族，尝以范阳卢、清河崔、荥阳郑、太原王为衣冠四大姓；复以旧都（代，今大同）穆、陆、贺、刘、楼、于、稽、尉为八姓，勋业隆重，勿充猥官。《隋书·经籍志》小引曰："后魏迁洛，有八氏十姓，咸出帝族；又有三十六族，则诸国之从魏者；九十二姓，〔则〕世为部落大人者：并为河南洛阳人。其中国士人，则第其门阀，有四海大姓、郡姓、州姓、县姓。"《隋志》载《魏孝文列姓族牒》一卷，当系此类事实之综合记载。魏改复姓，与中国古姓相乱，未始非后代治谱学与氏族学者之一大障碍；然在当时，就河洛一隅而言，亦未尝不为谱学发展之一种动力，可断言也。《隋书·经籍志》又曰："周太祖（宇文觉）入关，诸姓子孙有功者，并令为其宗长，仍撰谱录，纪其所承；又以关内诸州为其本望。"北朝提倡谱学之史实，可稽者如此而已。至于私家谱状，则可知者更寡。惟郦道元《水经注》于《鲍丘水篇》尝引《阳氏谱叙》，于《淮水篇》又引《嵇氏谱》；地理学家而借重谱牒，亦可觇当日谱牒用途之广。谱本之涉及王室及其宗亲者，存目较多；元晖业有《后魏辨宗录》二卷，较著名，余不赘。

五曰谱学与史学之因缘固结。上文称刘注《世说》，征引私家谱录，多至三四十家，百有余次。谱学足资史家之参证，即此一端已可概见。昔日治目录学者大率以《世说》入子部类书，然其所叙无非史实，可补正史列传之阙略，固不可掩也。然自来严格之史家，固亦尝乞灵于官私谱录矣。先就注史家而论。唐司马贞《史记索隐》尝先后引《苏氏谱》（《苏秦传》）与《路氏谱》（《齐悼惠王世家》）。张守节《史记正义》亦尝引《杜氏谱》（《酷吏传》）。颜师古注《汉书》，于《眭弘传》下有曰："近代（唐）学者，旁引《炅氏谱》以相附着；私谱之文，出于闾巷；家自为说，事非经典；苟引先贤，妄相假借，无所取信，宁足据乎？"可见当时私家谱牒，流弊已多，后世家谱攀附夸大之通病，在当时即已著明。章怀太子（李贤）注《后汉书》，亦引《应氏世谱》（《应劭传》）。宋裴松之生逢谱学全盛之时期，故其注《三国志》也，征引尤富；章宗源考谱隋经籍，因而补录之家谱多至十一种，见于《蜀志》注中者二，崔氏（《诸葛亮传》）与诸葛氏（《诸葛瞻传》）；见于《魏志》注中者九，嵇、庾、孙、阮、孔、刘、陈、王、郭，是也；崔、孙、郭三谱而外，余已见《世说注》，《嵇谱》则并已见《水经注》。

再就史学家及作史家而论。作《姓苑》与《后魏河南官氏志》之宋何承天尝除著作佐郎，撰国史。唐时谱学家几无一不为当时之史官；路敬淳、柳冲、韦述、柳芳、吴兢、萧颖士等，皆以修国史著称。《史通》之作者刘知幾又何独不然？史称其"内负有所未尽，乃委国史于吴兢，别撰《刘氏家史》及《谱考》……按据明审，议者高其博"。知幾与谱学之关系独深，则又有一旁证焉。彼尝病历来官史家之志非其物，乃创论设都邑、氏族、方物三志；其论氏族志有曰：

> 帝王苗裔，公侯子孙，余庆所钟，百世无绝。能言吾祖郯子见师于孔公；不识其先，籍谈取诮于姬后。故周撰《世本》，式辨诸宗；楚置三闾，实掌王族。逮乎晚业，谱学尤烦。用之于官，可以品藻士庶；施之于国，可以甄别华夷。自刘、曹受命，雍、豫为宅，世胄相承，子孙藩衍，及永嘉东渡，流寓扬、越；代氏南迁，革夷从夏；于是中朝江左，南北混淆，华壤边民，虏汉相杂。隋有天下，文轨大同，江外山东，人物殷凑；其间高门素族，非复一家，郡正州曹，世掌其任。凡为国史者宜各撰氏族志，列于百官之下。……而诸史竟无其录。

国史之兼及氏族志者，确不多见。《魏书·官氏志》独附论之，则当时当地氏姓变迁之特殊情形有以促成之。清钱大昕作《元史氏族表》，盖根据同一原因。郑氏《通志》置《氏族略》，议者谓得诸知几之暗示。

又隋唐上下，作官史者往往直接取材于私家谱牒。《史通·正史篇》谓北齐魏收"大征百家谱状，斟酌以成《魏书》"。《北齐书》收本传载收对杨愔曰："往因中原丧乱，人士谱牒，遗逸略尽，是以具书其支流。"是收之作史，不仅取资于谱系，且欲借史以稍存谱学矣。《正史篇》又谓武后时牛凤及修《唐书》百有十卷，"凡所撰录，皆素责私家行状"。官史宜否取资于私谱，魏、牛诸人搜罗史料之标准如何，俱属另一问题；我辈今日读史至此类事迹，要可以窥见当日官史与私谱之因缘固结，则一也。后欧阳氏等修《唐书》，作《宰相世系表》特详，论者谓其取材于私谱与总谱者为多，而病其不能阙疑焉（说见曾国藩《衡阳彭氏谱序》）。钱大昕补《元史氏族表》，则曰："今仿《唐书》宰相世系之例，取其谱系可考者，列为表，疑者阙之。"

唐代谱学与唐以前之谱学有一有趣味之异点，曰，唐代谱学家多史官，而唐以前之谱学家则多选官是也。史官兼长谱学，其说已详。至选官与谱学之因缘，则亦颇有可言者。上文谓王俭父僧绰尝掌选事，至俭亦优为之，说详《齐书》本传。王僧孺"参大选，请谒不行"。徐勉尝为本邑中正，后"居选官，彝伦有序"，复作《选品》五卷。俱见《梁书》及《南史》。选政与谱学，在当时有体用之关系，以谱学家掌选政，或以选官治谱学，相得益彰，盖理有固然者。隋唐以上，谱学之发达，间接由于九品中正之制，而直接由于此制所养成之门第观念；及至唐时，九品中正制之选政废，然其培植已久之门第观念则未废，故谱学不与之俱废；顾选官既去，谱学失所维系，乃不得不转以史官为最密迩亦最可恃之附丽物焉。

唐亡，继以五代丧乱，旧谱十九散亡，官家亦不复提倡，谱学乃中绝。欧阳修与王深甫（回）《论世谱帖》曰：

> 前世常多丧乱，而士大夫之世谱未尝绝也；自五代迄今，家家亡之；由士不自重，礼俗苟简之使然。

苏洵《谱例》亦曰："盖自唐衰，谱学废绝，士大夫不讲，而世人不载；于是乎由贱而贵者，耻言其先，由贫而富者，不录其祖；而谱遂大废。"归有光序《龙游翁氏宗谱》，亦言谱经"五季衰乱，荡然无复有存"。自宋迄今，一千年间，私家修谱与夫作统谱者，非无其人，然家自为说，草率简陋，不复成专门之学；其间变迁之迹，寥寥数语可得而尽也。

试先略叙宋以来谱类之作品。马氏《通考·经籍考》所录如次：

　　宋《三朝志》（太祖，太宗，真宗）　五十三部　一百五十四卷

　　宋《两朝志》（仁宗，英宗）　九部　六十二卷

　　宋《四朝志》（神宗，哲宗，徽宗，钦宗）　十六部　七十九卷

　　宋《中兴艺文志》——五十三家　五十九部　二百二十三卷

按《中兴艺文志》修于南渡后绍兴末年，所载当系北宋一代谱学之总成绩；然亦微矣。《唐志》所载约二千卷，与此几为十与一之比例。论者谓南渡之际，士大夫多丧其谱牒（说见孙星衍《校补〈元和姓纂〉辑本序》）；今《中兴志》所载，不识为丧失后实存之数，抑多空目。设多空目，则不更寡薄不足道耶？别有一说，《中兴志》所载，限于南渡后自建炎初年至绍兴末年三十余年间之谱学作品，则在事理上殊属不可能，盖其积聚之速率且驾隋唐而上之也。《宋史·艺文志》共列一百十部，四百三十七卷，较若可观矣；然试一检之，则其中《唐志》存目居三之一而不止，则所余亦

无多耳。

宋末存谱无几，亦可以征诸马端临之《经籍考》。马氏转录宋代各志所著录之部数卷数而外，复列有谱牒二十一部八十一卷，并于每部下引列当代藏书家之按语。设采郑氏之分类法而归纳之，则得下表：

时代	画家数	籍贯可稽者数	百分数
唐以前	177	68	38
唐	419	112	27
五代	138	100	72
宋	994	596	60
元	437	250	57
共	2165	1126	52

上部数中小半数尤为唐时作品。惟考之马氏自序，则此二十一部者未必为马氏自身所及见，而为"存于近世而可考者"。大率南渡播迁，未经散佚，故晁公武及陈振孙等藏书家犹得见之；然当时所见，恐亦不过十之八九，晁氏于唐之《鲜于氏卓绝谱》曰："唐乔琳撰，《中兴艺文志》有其目"，是仅见其目而未见其书也。至马氏时，又经一番鼎革，恐并此八九而不足数矣。《宋史》修于元末至正间，尤在马氏《通考》之后，不悉又何来如许卷数；其太半为空目，殆了无疑义也。

辽、金、元三史不志艺文。惟据钱大昕元《艺文补志》，则舍年谱四种不计外，得谱牒三十三部，卷数不备录。辽、金作品亦附见焉。钱《志》中，限辽、金、元人作品，于前代孤本不著录，不能据以比较，亦憾事也。元代存谱以家谱为多，几占三分之二。

《续通志》谱系类仅载十部，其中七部为总谱，三部为家谱，皆明代作品。《续通考》著录亦不过十部。合二《通》言之，则实得十五部；其中如章定《名贤氏族言行类稿》、李日华《姓氏谱纂》及廖用贤《尚友录》等，形式虽谱，而性质则传记也，严格言之，不应入谱系类。再如一般之姓氏书，但广引人物而不详谱牒者，人之亦嫌拉杂。是则十五部中，可存者不过半数而已。《明史·艺文志》所录较多，为三十八部，五百零四卷；然去其年谱年表一类拉杂之书，则所余亦只半数耳。

《清通考》谱牒类凡十一种，其中确合谱牒性质者不及半数，余皆勉强搀入，家谱则完全未见。《清通志》则几于不列谱系类，其编纂者曰："谨按谱系之书，列为横格，类于年表，今俱归入《图谱略》；惟单隆周《希姓补》，专举希姓，不分图格，应存之，以备《皇朝通志·艺文略》内谱系一门。"其辞亦甚勉强可怜矣。至《图谱略》中，则遍觅亦不过顾炎武之《顾氏谱系考》与陈厚耀之《春秋世族谱》二书而已。《四库全书总目》较《清通志》与《清通考》为先出，较之亦不限于前代体例，则竟削谱牒一门；史部总叙有曰：

旧有谱牒一门，然自唐以后，谱学殆绝，玉牒既不颁于外，家乘亦不上于官，徒存虚目，故从删焉。

浏阳谭嗣同曰："千余年来，官书充秘阁，日孳乳至不复可容，目录家并肩林立，收四部书无算，犹称多所未覯，独谱牒奄然阙焉。"

次略叙宋以来于谱学略有贡献之作家；至其贡献之内容，则容缓日讨论谱学方法时及之。今之言谱者莫不推崇欧阳修、苏洵为名家。前者作《欧阳氏谱图》及《序》；后者则有《谱例》《苏氏族谱图》《族谱后录上下篇》及《大宗谱法》等作品。其议论皆甚简陋。然后世莫不仿效之，名之曰"欧谱法""苏谱法"。实则二氏泰半因袭旧说，后世谱皆散亡，惟二氏者犹存其全集中，不察者乃谬以一切为二氏创说耳。近儒南海朱次琦尝论欧阳氏曰："迹其编纂论述，若创前世所无；然通人硕儒，咸许其沈深古谊，能探先生制作之精意，盖创而实因也。"此论半指欧阳氏《唐书》中之《宰相世系表》而言；惟或谓《新唐书》诸表为吕夏卿所撰，旧例奉敕修史，止署总纂一二人名衔，故曰欧阳耳；是则因袭前说之功，欧阳氏犹不能独居之，而况创乎。北宋时又有王回，与二氏同时，亦熟于前代谱牒，著有《清河崔氏谱》一卷，见《宋史·艺文志》。欧阳氏以前辈呼王氏，尝向其假阅《颜氏谱》，且贻之简帖曰：五代丧乱而后，"虽使人人自求其家谱，犹不可得，况一人之力，兼考于缪乱亡失之余，能如所示者，非深甫之好学深思莫能也"。假谱与作简在至和末年或嘉祐元二年（《文忠公外集》），而《欧阳氏谱图序》则成于嘉祐四年，是则《欧阳谱》殆未始不借王氏之指示，而后有成者也。《苏谱》以同时出，其《谱例》中有曰："洵……为《苏氏族谱》，它日欧阳公见而叹曰'吾尝为之矣'。出而观之，有异法焉。曰：'是不可使独吾二人为之，将天下举不可无也。'洵于是又为《大宗谱法》，以尽谱之变。"以言总谱，则高宗时有临川邓名世父子撰《古今姓氏书辩证》四十卷，称为精核，至今与林宝《元和姓纂》、郑樵《氏族略》为近古氏姓三大著作。同时又有长沙丁维皋，著《皇朝百族谱》四卷，亦称善本；今不传。余有作者，皆自郐而下矣。

元代有豫章罗氏，其族谱见钱氏《补艺文志》，虞集为之序，称其"质而不诬，详而有序"。元时私家谱牒稍多，始开倩人作序跋之风；前此凡有谱序，大率由子孙纂修者自为之，今则自序而外，往往有名公巨卿或文名籍甚者为作揄扬之文，冠诸篇首，甚或自序亦倩人代作。袁桷一家所作序跋书后之文即多至九篇，见《清容居士集》。明初谱学亦少人讲道，归有光序《华亭蔡氏新谱》，有曰："今世谱学尤废，虽当世大官，或三四世子孙不知书；迷其所出，往往有之，以谱之亡也。"说者谓明太祖不能举高曾之名。后归氏作《谱例论》等篇，稍有发明，尝曰"欧阳氏、苏氏以有法治无法，吾以无法寓有法，是吾谱之所以异"云。归氏关于谱学之作品，见于《震川先生全集》者凡八篇。其从孙起先论之曰："修族姓之谱，则赍咨涕洟，必欲使远祖近宗尽归于敦睦。"以言总谱作家，则有凌迪知，有《万姓统谱》一百四十六卷及《氏族博考》十四卷，尚称赅备。元时有《排韵氏族大全》十卷，为近古韵谱之大者，但不著撰人。

近代于谱学稍有发挥而可供我辈参考者，则有章学诚、纪昀、沈炳震、沈钦韩、朱次琦、谭嗣同数家。实斋史学以淹博称，尤长于方志之学；自方志至谱牒，其距离甚近，宜其兼治及之。实斋论议，泰半见《高邮沈氏家谱叙例》《与冯秋山论修谱书》及《宜兴陈氏宗谱书后》；至臧否前代作家得失，则见《高邮沈氏家谱序》。惟其贡献之最大者，当为官设志科兼收谱牒之创议，盖不啻恢复官谱局之先声也。纪氏总纂《四库》，关于谱例中细节目之由来递变，知之最审，其《景城纪氏家谱序例》，至今修谱者犹奉为模式。戚友之倩其作谱序者亦繁有徒。沈炳震好涉览纪传年月世系，尝以数十寒暑之力，订正《新唐书·宰相世系表》之讹误；又尝作《二十一史四谱》，体出谱系，而以标目代旁行斜上之法；其《沈氏族谱》三十二卷，亦推巨著。沈钦韩作《族谱论》，推论自春秋迄明，三千年中，氏族兴衰变异之原因甚详。朱次琦遗文多自燔于火；康长素序其佚文，有丹凤一羽，夏鼎一足，得之为至宝之语；独其《南海九江朱氏谱序》及《例》，则因谱为一家之公言，不能私毁，乃得以幸存。然其内容大率本之《景城纪氏谱例》；议者谓"异姓抱养，犯法被诛，逃禅入道，防其乱宗，皆削不书"之例出诸朱氏，实亦不然，乾隆间胶州儒人法坤宏固已先为之，其《叙次宗谱例言》有曰："于犯名义者不书，逃入二氏者不书，螟蛉抱养者不书……防乱宗也。"谭浏阳于就义前四年，尝作《浏阳谭氏谱》四卷，并为之叙例，叙例文雅驯可诵，所论亦赡详，以为前作家所罕及；首叙谱学史实大要，次及谱学与宗法之关系，复次论谭氏之由来，复次言谱之方法与意义，其体例措辞，盖已稍稍沾染新法矣。

以宋以来之谱学与隋唐而上者相较，可得显然不同之若干倾向焉。其一曰谱学由官而私，由公开而隐秘。隋唐而上，私家多修一份家状，官家即多藏一份副本，郑氏《氏族略》序已具言之矣；至唐，撰谱之事犹直隶宰相。惟时板本未行，然秘阁藏本，在官者皆可见之，即私家者亦未尝不许借阅传钞，故绩学之士如王弘、刘孝标之辈，得洞窥其内容，而引为处世立说之助。五代而下，谱官便成绝响，永不复置；于是私家或不为谱，或为谱而各自作故，不相参考，浸淫以至今日，私记子姓，乃不能通示于人，人亦无欲观之，诚有如谭复生所言者。二曰谱学之实用意义尽失。郑《略》序称唐以上谱之用二，于官则助选举，于私则佐婚姻；宋以后则所存效用，惟"敬宗收族"比较抽象之一端而已。谱学意义，自成一大问题，容别为文以论之，今姑不赘。三曰，谱学之史学身份不可复保。谱学初不自成门类，故汉《志》以《世本》入春秋，而以《帝王诸侯世谱》入历谱，俱属勉强；隋唐二《志》，谱系始成专门，《通志》及《通考》因之；及其浸衰，乃复由谱系退居图谱（《清通志》）或散入传记、别史及子部类书（《四库全书总目》），自乔木以入幽谷，其退化之迹，不待复按而后喻也。

近世谱学之退化亦多端矣，而最可异者莫如后世昧于前代谱学成绩之一端。何以知之？曰读元代以来号称通人者代人所作之家谱序跋而知之。若辈十之八九充其极第知盛称欧、苏谱法，而不省前此固别有谱学之黄金时代，而二氏不过代表其式微之余绪也耳。其并此而不知者则仅仅于抽象之意义与浅薄之比喻上用功夫，故一则曰"敬宗睦族"，再则曰"木本水源"，转辗传钞，千篇一律。纪文达号称赡博，每序必及谱学由来，然于隋唐以上之谱官谱局，则始终未提只字。不知之耶？抑知而不之重故不之言耶？读其《四库总目》之史部总叙，则若未尝不之知，读其《渠阳王氏世系考序》

"自汉以后，氏族不掌于官"之语，则又若不之知矣。纪氏犹且挂漏若此，则他人又奚责焉？

本篇所及，限于关于谱学之历史事实，且止举其粗枝大叶，其关于谱学意义或效用与谱学方法，容别为文讨论之。

通谱新解

通谱二字，耳之熟矣。顾其义有二：曰同姓通谱，曰同趣通谱。窃以为二者皆名不副实，名实相副之通谱，惟血缘通谱。尝私言之，名词之不确立，为谱学末由发展之一大原因，"通谱"亦一例也。

同姓通谱，自中古以还，矜尚门地，好事者皆优为之。顾亭林《日知录》谓见于史者，自晋代始；并引《晋书》石苞传、孙旗传，《南史》侯王真传、周宏正传，《唐书》李义甫传、李辅国传，或"以殊族附中国"，或"以名门附小人"，以实其说。至一般援引之滥，则黄梨洲谓实始六朝碑版。颜师古尝论唐代谱学曰："私谱之文，出自闾巷，家自为说，事非经典；苟引先贤，妄相假托，无所取信，宁足据乎？"唐代以后，矜姓望之风虽稍歇，而通谱之旧习不改。上自文学之士，下至盗窃之流，皆视若当然，恬不知怪。元遗山为《毛氏家训》作跋语，其理由之一即为毛氏之主人尝与其妇翁之族通谱，跋尾且自署为"侄婿河东元某"。明正统初，盗赵三舍寓杭，自诡为故宋王孙，常出谱牒示人，果旧物也；及事败被执，乃知所谓谱牒者，亦他日所掠赃物，遂置于罪；说见郎瑛《七修类稿》。明末张献忠入蜀时，屠杀几尽，及至梓潼，以其神张亚子为其同姓，未戮梓潼一人，而神之香火亦得以不废；论者谓联谱有益，此当为最奇特之一例，说见柴桑《京师偶记》。今人动称汉郡，龚定庵谓肇始于明之文士，故明谱最诞。亭林于《日知录》亦云："近日南北皆尚通谱，最为滥杂；其实皆植党营私，为蠹国害民之事。"赵三舍、张献忠之所为，亦足征当日风气之广被与深入矣。

晚近此风稍杀。惟公开之通谱虽少，阴谋为之者则时有所闻。章实斋尝引关于章氏之一例。"乡曲有求附余宗谱者，宗人不可，因以重赀购宗人之不肖者，得统宗汇谱，全以献之。彼自作谱，乃择余宗谱中旁支有注后裔失考及出继为他姓者，冒称子姓归宗。虽宗人守祠墓者自能辨之，而他所相遇则直称宗族，叙余家先世事乃较章氏本支尤为详明，盖熟读宗谱故也。此事近日犹可辨别，久之迁于他处，必有误联之弊矣。"此可谓私通之绝好例证。

又有因私联谱牒而涉讼者。客岁秒在杭，得购休宁昌溪吴氏因争祖涉讼之日记原本一种。吴本为休宁大族，乾隆初，有暴发之军户吴，阴谋通谱，事发入官，军户卒败诉，此为旧族方面子姓某详记此事原委之日记，多至四册。兹引其叙言之一部分，以示自好之家，对于私通谱牒深恶痛绝之心理：

  莠可害田，泾因渭浊；蠢兹军户，与我逼处；虽则同姓，本源或异。丙寅年间，冒宗□□，窃我坟碑祖名，裁为伊派谱系，是欲斩我宗也，灭我嗣也，谋我祖茔也。……然彼自诬其祖，而又诬我之祖，支派之间，紊乱已甚，因出辨启，剖明世系，俾得公议相扶，将伊伪谱改正。讵料彼之奸谋益锢，复贿□□，一般鬼蜮，随声附和，捏造伪辨，谋孽排挤；但知饱填欲壑，不知正本清源。……势不获已，质于公庭。乃天降彼殃，俾予得其旧谱，伊之狡狯，因而败露。……始则谋注新谱，腆颜而拜郭相之坟，终则情屈琴堂，俯首而甘空桑之斥：是自断其本也，自绝其源也，何足惜哉！何足惜哉！维予祖宗，数百年来，实遭此祸，为子孙者，既肩其任，讵能缄默以处，休逸自得哉？……其间委曲之数，措置之方，吾知之，共事诸公亦尽知之，吾子若孙不得而知也。夫此事何事也，所言何言也，安可不令我子孙知也？此吾之簿所以设也，此吾迩来所以必记也。

近世大家修谱，鉴于此种流弊，亦知筹自卫之方，自卫亦正所以使他人不陷于不义也。（一）谱之部数有限；（二）子孙领谱必编字号，著于卷端；（三）至谱中无后之子姓，其下必明著一"乏"字；（四）迁居之子姓，必明著所迁之里居。诸如此类之体例，皆即所以禁绝他宗之讹托窜入也。

同趣通谱，今不多见。中古谱学大盛时，所谓总谱郡谱，皆属同趣通谱之类。所云趣，或以地域，一切之郡谱属之；或以门阀，则氏族状、百官谱、英贤谱之类属之。欧阳氏之唐《宰相世系》，实根据门阀之一种同趣通谱也。后世亦间有作此种通谱者，其所根据亦不外地域门阀二三标准，惟因为之者少，不复自成门类。例如元费著作《成都氏族谱》，卢熊于《苏州府志》列《吴中氏族志》，固郡谱也；近代科第齿录，往往称曰"通谱"；例如光绪乙酉科之拔贡同年齿录，即称为《明经通谱》，则犹中古衣冠谱之遗也。至章实斋主方志辟族望表，汇集一方衣冠人物之世系，则进而兼顾地域与门阀之二重标准矣。

惟严格言之，同姓通谱与同趣通谱俱不得谓之通谱也。同趣之谱，叙数十人以至数百人之世系，多至十数世，少者至高曾而止，各世系之间，彼此无丝毫联络之痕迹，固会而未通也；与其名曰"通谱"，不如名曰"会谱"。同姓之谱，设所联之人物间确有相当之血缘可稽，中间不须假设或讹托，则尚不背于"通"之真义。惟夷考其实，则世俗之通谱者，无论官通私通，大率惑于名义，不问事实，以为同姓者必同源，或以为纵不同源，名之相同亦可以唤起精神上之共通互感，与同源者无殊。此近人胡适之所以有贬薄"名教"之论也。至其以通谱为满足其夸大依附之心理者尤自郐下矣。若是之通谱，以最冠冕之名词称之，可曰"合谱"。合谱之通者十不得一二，合而不通者，十且八九。合而不通之谱，使谱之内容愈益纠纷，愈益真伪难辨，名为通之，实所以阻塞梗断之也。黄梨洲曰：" 万姓芸芸，莫不家有伪谱。"是通谱之罪也。

近世有机演化论之基本发现曰：万物血缘相通。一姓之祖孙父子间，其血缘相通，无论矣，异姓之分子间，初或出自一源而相通，历久颇若不相通，则以婚姻之法通之。设天地之大德曰生，而生之大德曰通，则谱之大德，或大德之一，即在表扬此"通"之至意。

历代之谱学固足以语于此乎？其以通谱为名者，我侪已于上文加以端详矣，于通之真义固未审也。"血缘之通"有二义：夫妇为"婚姻之通"，父子为"遗传之通"，旧谱于此，俱未能克尽厥职，而于婚姻之通为尤甚。试分别举例以明之。

（一）曰异姓抱养不书，宜若知遗传之通之理矣。然异姓抱养有二义：有属完全为"螟蛉"性质者，则为"惧乱宗"故，不书亦可；然我侪已以为不如书而详著其出处之为愈，俾未来者有所考正而免聚讼之阶。亦有取诸婿家者，则姓虽不同而血缘未尝不贯；此而不书，则失通之义矣。

（二）乏嗣立后，不取女若婿之子或已嫁姊妹之子而取同姓远房之子，亦为历来重名轻实不审遗传之通之理之绝好例证。及登谱端，嗣子之二重关系又往往不加叙明；嗣子于世系图中，或互见嗣父与本生父之下，而丝毫无分别之标识，或仅见嗣父之下，一若与本生父绝无关系。是皆不惜牺牲实际之"系"以维持空洞抽象之"宗"也。明乎通之真义，则不出此。

（三）妻妾各生子女，而孰为嫡出孰为庶出，其不止一妾者，又孰为孰所出，大率不见于谱。人性之各异与其所异之故，往往于同父异母或同母异父之子女中最易窥见。中国自来容许妾制，故此类事实宜最多；今竟鲜可征引者，则又因为谱者不悉遗传之通之理故也。

（四）逃入二氏不书，干犯法纪不书，夭殇不书，甚或女子不书，未婚无后不书，皆不通之通例也。

此但就"遗传之通"言之耳。如就"婚姻之通"言之，则旧谱之陷阙又有二大端，其意义较前列诸端尤为重大：

（一）婚姻以男女成，孤阴或孤阳俱无以生长，男女于家庭以外之事，容或男重于女，而于家庭以内，实女重于男，至少亦应等量齐观。今旧谱于图或表则第载丈夫子，而不载女子子，于牒亦多不载，或只言嫁某姓，于子婿之名字，亦若不屑道及。

（二）娶人之妇，自在所必载，顾十九绝简，只曰娶某氏；妇之族贵显者，始曰某官某职某之孙女、女或胞姊胞妹，他则不详矣。妇之操行特殊者，或有内传，附见于谱，稍详其家世戚郦，后之检谱者犹可借以复按。外此第曰"娶某氏"者，名为入谱，实与未入谱无异。

旧谱鲜科学价值，因而不能供治学者之参考，此二端者实为主要原因。孤阳不生，旧谱十九孤阳之谱也，又何以生？今有一有重要遗传张本之品性于此，例如画才，学者欲穷究其源委，自首求诸其人之家谱，上溯一世、二世、三世，固靡不有画才之呈露，及至四世，忽戛然中止，不可复考。真无可考耶？岂此种品性为四世前之突变而前此无有耶？则不然。设谱于四世前之母族有比较详细之记载可以借以复按，则不难发见此种品性原为母族之物，而可于母族之谐进而为更远之推究。又如色盲之遗传为"性联遗传"，色盲之因，不能求诸其人之父，而须求诸其人之母与母之父，即外祖父；外祖父往往自身为色盲者，而母则仅为色盲之因之寄寓者。此则尤非检阅母系之谱，不能明也。色盲为旧谱家所未曾梦见之品性，自不能引以相责，兹特举以示"婚姻之通"之一原则有大不可不讲求者在耳。

故今日我侪亦极言通谱之重要，而通之意义与方法则有殊。意义既前言之矣，试言方法。

（一）凡有遗传与婚姻关系之家人，不论男女，夭寿，嫡庶，同姓或异姓，皆所必书。于牒宜详，于图亦应列举名字或他种符号，以为查看牒文之引线。

（二）世系图如用符号，男可用方圈，女可用圆圈，男女性别无考者可用三角圈，不第性别无考且子女之确数亦不知者可用梭子圈以概一切。夭殇不举者，可用较小之方点或圆点。

（三）上下代之间，仍用直线，但嗣分或抱养关系宜用虚线，以示与本生者有殊。如是则嗣子之名或符号，不必互见，仅须作虚实二线而已。双生之子宜分系一线。作倒叉形。

（四）娶妇入牒，而不登图，不察人类生殖之理者检阅谱图，将疑我侪行单性生殖法，诚大可怪。兹改正之，法用横线，以系为夫妇者之名字或其符号。嫁娶不止一次者，宜于横线上著明一二之数，以示先后。

（五）婚姻有子息者，系子息之直线，即自婚姻之横线下垂，子息多者，自须分作数线若梳齿然。婚姻不止一次而每次皆生子女者，直线亦自不止一端，且须系于各该婚姻线之下，以示不为同母所生。

谱以姓氏为单位，此不可亦不宜轻易更革者也。然上文又谓凡有婚姻与遗传关系之人，不论同姓异姓，皆所必书。二者岂不冲突？诚然。于此当另为设法，一壁使不失以姓为单位之便，一端于"通"之意义仍能为充分之表达。夫推血缘之论，天下之人固无不通也，作谱者能力有限，不能为无穷极之谱，即不能不有所制限，则姓氏亦自一方便之制限耳。

（一）所生女子不仅列名图牒，于其嫁前之品性及生活，应有相当记载。其嫁后种种则入夫家谱录，其详审应相等。

（二）婿入外家谱，亦图牒互见，但不妨仅列名字，不著品性。惟其上代脚色之名字籍贯，宜于牒文中逐一著明，多则三代，少则二代，能男女兼载尤佳。

（三）女与婿所生子息，但须于图中列举名字，不著于牒。图中亦只载一代。

（四）娶人之妇亦不仅列名谱图，其来归后之种种，应有详细之记载，以登于牒。

（五）妇之上世，与婿之上世同例。

兹数端者，世之为谱者诚能深体而力行之，行见天下之谱，无不通也。检甲之谱，而涉及甲母乙之族，则进而检乙族之谱；检乙之谱又涉及乙舅丙之族，则进而检丙族之谱……谱虽分作，而其内容则息息相关，处处接笋，丝毫无隔阂与凿柄之迹。分则为各家之谱，合则一脉络流畅纲目分明之血缘网也。谱而如此，则不求通而自通；无通之名，有通之实，无通之体，有通之用。作通谱新解。

参看书目

顾炎武：《日知录》

黄宗羲：《唐氏家谱序》（《南雷集》）

颜师古：眭弘传注（《汉书》）

元好问：《〈毛氏家训〉后践语》（《遗山集》）

郎瑛：《七修类稿》

柴桑：《京师偶记》

朱之瑜：自论先世（《舜水遗书》）

章学诚：《宜兴陈氏宗谱书后》（《章氏遗书》）

吴倬云：《吴氏争祖涉讼日记》稿本

冯煦（序）：《光绪乙酉科明经通谱》

演化论与几个当代的问题

严几道先生把赫胥黎的《天演论》翻译成中文以后，中国的文字里算是多了一套新的名词，中国人替子弟或替自己起名字的时候也算是多了一些拣选。天演、物竞天择、适者生存一类的名词，从此不但在新式些的文字里随时可以发现，并且在新人物的名字里可以找到。四十年来，《天演论》对中国思想的贡献，似乎不过尔尔，就是，在胡适之先生所称的"名教"里增添了一部分势力罢了；"物竞天择，适者生存"和"礼义廉耻，国之四维"或"忠孝仁爱，信义和平"等等一样，终于升拊到了名教的两庑里去。

这倒不能专怪中国人不长进。演化论在西洋也有同样的幸运。尽管有赫胥黎一类的人替它发挥，甚至于替它狂吠（赫氏自称为演化论的矮脚狗，好比郑板桥自称为徐青藤门下的走狗一般）；尽管有人把它和当代的社会思想社会问题联系起来，写成不知有多少种的专书，结果，演化论还不过是生物学家的一个家珍，并且，在他也不过是间或拿出来展览一下、把玩一番罢了。

演化思想对实际的社会思想和社会问题没有发生很大的影响，可以说是一种很不幸的现象。目前有许多的思想以至于生活上的问题是由于不了解或误解演化论而发生的。我们一面含糊地承认我们自己——人类与人类的社会文化——是演化的产物，而对于演化所循的若干法则，却始终取不求甚解的态度，或取得一知半解而以为已足；甚或自作聪明地加以曲解；许多问题就从这不求甚解、一知半解地与曲解中来。仅仅演化论的若干名词，借来装点门面，倒还不至于引起什么严重的问题。

演化论有若干基本的原则和概念,我们到现在还没有充分地了解与接受。什么叫演化,尤其是有机演化,恐怕除了生物学者以外,很多人就没有认识清楚。自然演化要是有目的的话,这目的我们叫做位育(以前译作适应或顺应);这位育的概念又是很多人所不求甚解的。演化的几个重要成因,如变异,如遗传,如选择或淘汰,尽管是我们日常生活的一部分,尽管和我们自身有切肤的关系,又有多少人在追求它们的社会与民族的意义?淘汰二字,久已成为一个口头禅语,但它的最大的用处,往往是在某一个球队把另一个球队打败之后!有机演化的单位或基体是种族,但事实上了解什么叫做种族的人,比高谈种族主义或根据了种族的成见做许多坏事的人,要少得多。个体的发育,从一个比较原始的东西变成一个有许多功能的东西,种族的演变,由少数的种族成为许多的种族,是由于分化与专化的原则;但专化而达于极端,会教个体或种族走上死亡的路径,明白这一点的人也不多。

严先生译的《天演论》一名词原是很好的,天字固然把演化的范围限于自然一方面,有不合用的地方;但演字是不错的。到了后来,不知如何我们偏要拾取日本人的牙慧,通用起"进化论"的名词来。就从这译名里,我们就可以知道我们并没有懂演化的现象。赫胥黎在《天演论》一文的注脚里说得很清楚,演化是无所谓进退的,一定要加以进退的判断的话,也是有进有退的。许多寄生生物就可以说是退化的结果。古往今来,由进而退、由退而亡的物种已经不知有过多少,最近地质调查所在云南禄丰发现的龙类岂不就是一例?人自以为万物之灵,操一部分造化之权,但零星的退化,已属数见不鲜,而整个的退化以至靡有孑遗也并非不可能之事。早就有人推测过,人类一旦寂灭,继起操生物界霸权的大概是昆虫。最近更有人(霍尔登 J.B. S.Haldane)说,也许是老鼠。

西洋社会思想界原有一派进步的学说,以为宇宙间的一切自然会逐渐改良,到一个至善的境界。要是十七八世纪以前的西洋基督教社会是"靠天吃饭"的话,十七八世纪以后的西洋社会就"靠进步吃饭"了。比较后出的演化论,在不求甚解的西洋人眼光里,也就等于一种进步论,甚至于就是进步论。进步论也很早地就到东方来,在没有方法求甚解的当时的东方人,就更自然地把两种东西混而为一,于是乎就产生了"进化论"。我们如今追溯"进化"这译名的由来,大概是如此。

更有不幸的,一部分西洋人所见与大部分中国人所见的"进化",又是严格的演化论者所不承认的所谓定向演化或单线直系演化。演化既不一定有进无退,当然谈不上什么可以指认的方向,也就不是一条直线所能代表。古生物学者发现马蹄原有五个,后来经过了几个递减的"阶段"而终于到达所谓"奇蹄"的"现阶段",于是一小部分的生物学者就以为一般的有机演化就取这个有目的、有规律的方式,于是采用演化学说不久的社会学者与文化学者也一拥而上,以为超有机的社会与文化演化也一定取这种既有意义而又省便的方式。社会演化论者正在不得其门而入或自以为升堂矣而未入于室的时候,得此一块敲门砖,岂有不充分利用之理?于是"时期"论呀,"演程"论呀,"阶段"论呀,"动向"论呀,更变本加厉地发达起来。我说变本加厉,因为社会学说方面,自从孔德以来,早就喜欢讲分期的演进,到此更不免随风而靡罢了。这一股风在今日的中国就吹得很有劲。那些开口阶段闭口动向的,无论矣;就是不用这一类名词的人心目中所见的社会演化,无疑的是进步的,是一条比较直线的,是线上有些分段的记号的;不是一条直线,怎会见得它有方向?段落不分明,又何以见得它在那里动?譬如说家庭吧,他会告诉你这直线与"阶段"是从大家庭到小家庭,从小家庭到无家庭;讲婚姻,从父母之命媒妁之言的婚姻到完全自主的婚姻,从完全自主的一夫一妻婚制到不拘形式的自由结合与自由离异。事实是不是这样,会不会这样,当然是又一问题。大抵侈言时代潮流与以为潮流不可违拗的人,或歌颂时代的巨轮如何转动如何迈进的人都是这一派"进化论"的善男信女。

这一类对于演化基本概念的误解，当然会引起许多弊病，最大的一个是减少人类自觉的努力。上文说过以前有人靠天吃饭，后来有人靠进步吃饭，如今更有人靠进化吃饭。靠有动向有阶段的进化吃饭。时代有不同，靠山有不同，而其为有靠山则一，既有靠山，又何须努力？要演化成为进化，在操一部分造化之权的人类，本非完全不可能，但总要人类自觉地自主地自动地提目标出来，下功夫进去，才行。假若说，社会演化的过程，开头的步骤这样了，后来的步骤与将来的结果便非那样不可，生产的方式既如此如此于前，一切所谓意识形态便非这般这般于后不可，人类在表面上虽像是生产方式与意识形态的创造者，事实上也只好任它摆布。潮流可以把他击倒，时代的巨轮可以把他压成肉饼，他也唯有逆来顺受。试问，这样一派进化的人生展望和靠天吃饭时代的命运主义，在形式上尽管不同，在精神上有何分别？这种进化观念要再维持下去，迟早会像命运主义一样，教人类努力与努力的意志，由麻痹而瘫痪，由瘫痪而消灭。

位育是演化论里最重要的一个概念，也是中国旧有思想里很重要的一部分。《中庸》上有"天地位焉，万物育焉"的话，注脚里说，安所遂生叫做位育，《易经》的哲学里，最基本的一个概念是位；一部《左传》里有过不少次关于土宜的话。我们以往的错误，也许是过于重视了静的位，而忽略了动的育。如今演化论的思想，一面固然可以和位育的思想联系起来，一面更可以补正以前的错误与不足。

位育是一切有机与超有机物体的企求。位育是两方面的事，环境是一事，物体又是一事，位育就等于二事间的一个协调。世间没有能把环境完全征服的物体，也没有完全迁就环境的物体，所以结果总是一个协调，不过彼此让步的境地有大小罢了。以前把位育叫做适应，毛病就在太过含有物体迁就环境的意思；而根据了适应的概念想来解决问题的人，所见便不健全，所提的解决办法，也就不适当。我们不妨举个例吧。海禁开放以来的中国问题可以说是一大个位育的问题。中国是一个有机与超有机的集体，而其环境是十九世纪以来竞争角逐的国际局势。中国怎样才能和这局势成立协调，因而维持它的国家与民族的身份，再进而得到更丰富的生命；前者是位，而后者便是育了。在努力寻求位育的过程中，许多朋友曾经在文化方面提出过不少的意见，并且还引起了不止一番的论战。有主张全盘西化的，有主张所谓本位论的，也有主张择善截取的，而节取论者之中也有若干不同的见解。假若大家对于位育的概念有一个共通的了解的话，我相信这论战里有一大部分的话是不必说的，或大家只须讨论，而无须乎论战。

西化如何接受，在细节目上尽管有许多疑难之点，在原则上，是应当不成大问题的。第一我们要了解中国所以为物体的特质是些什么；第二要了解世界所以为环境的特质又是一些什么。所谓物体的特质，指中国民族与文化的一切现状与所造成此种现状的生物与史地因缘。在这一点上，本位论者的主张里，有一部分是很对的，他们所忽略的是民族品性的一点。同样的，所谓环境的特质，指的大部分是西洋各民族文化的一切现状与造诣与所以有此现状与造诣的生物与史地因缘。主张西化与努力于西化的人也许对于西化的现状与造诣有很广的认识，但对于西化的生物史地因缘往往未必有充分的了解。明白了物体的特质，才知道什么是土宜，什么是非土宜；明白了环境的特质，才知道如何下手节取；要所节取的合乎土宜，或与土宜不太相违反，才真正可以收位育的效果，否则徒然增添生活的纷扰而已。百年的中国历史，大部分就是这样一个纷扰的历史，切实的位育尚有待于我们的努力。

关于演化的几个成因，如变异、遗传、淘汰，我不预备多说，多说了怕不免琐碎。不过我们不妨举俄国做一个例，以示不了解这几个演化的成因会产生什么不良的影响。苏俄在斯大林派统治之下，是绝对主张思想统一的；主张思想统一而实行思想的统制，就等于不容许变异品性的存在与发展。主张思想统一与实行思想统制到一个绝对的程度，就必然地要发生淘汰的作用；层出不穷的清党运动便是这作用的具体表现了。尼采说过，古来真正的基督教徒只有一个，而这空前绝后的一个不幸被人在十字架上钉死了。论者以为真正能服膺斯大林一派的社会主义的，也只有一个，就是斯大林自己，而清党运动非清剩斯氏一人，绝不足与言思想的真正统一；真是慨乎言之！苏俄历届清党的结果，总算把一时的秩序维持住了；但俄国民族前途的品质如何，其产生人才的能力如何，斯氏一旦而死，前途继起何人，其所已成就的建设事业，究能维持如何久远——想到这些问题，我们就不免替他们寒心了。无论一个民族如何健全，其元气如何磅礴，经过清党一类有组织的淘汰作用以后，是不会不吃亏的，不过短见的人在目前还看不见罢了（参看下文《第五篇》内《苏俄政治与人才淘汰》一文）。

　　苏俄的社会思想系统也是不大承认遗传的原则的；他们很希望后天获得性可以遗传，而上一代环境影响的良好可以表现为下一代遗传品性的良好。十多年前有一位奥国的生物学家卡默瑞尔（Paul Kammerer）用试验的方法证明获得性可以遗传，苏俄闻讯之下，便用重金把他聘去，要他在这一点上做些规模更大而更切于人类生活的试验；不幸这位生物学家最初的试验便是假的，在被人发觉以后，他便跑到山上用手枪自杀了，而这惨剧的发生就在莫斯科的聘书寄到不久以后！在差不多的时候，俄国的科学界，在巴夫洛夫（Ivan Pavlov）的大名之下，发表了一个试验的结果，证明交替反射作用是可以遗传的；这发现正在哄传的时候，巴夫洛夫又突然告诉别人，说全部试验是一个错误。当时究竟是什么一回事，谁都不知道，旁人的推测是：试验与试验结果的发表是政府统制的，错误的承认是巴氏一人的私意。诸如此类曲解演化原则来迁就一种主义的勾当，在近代是数见不鲜的。曲解的人心劳日拙，固然不足惜，但社会思想将因此而更不容易走上正确的路，社会生活将因此而更无清明之望，却总是可以教人扼腕的。

种族的概念的不了解或曲解也曾引起不少的问题。种字可以有两个意义，一是生物分类学的，它的对象是分类的种，它所研究的是种与种之间的品性异同与血缘远近，研究品性异同时也只预备把异同之点指陈出来，并不加以优劣高下的判断。第二个意义是育种学的或民族卫生学的；它的对象是血系或血统；因为其间要行选择，所以在两个不同的血系之间，便不能不作优劣高下的比较，而说，甲的种好，乙的种坏。这两个不同的血系也许属于同一的上文所谓分类的种族，也许属于几个不同的分类的种族所混合而成的人口或民族。这两个意义的分别是很重要的。四五十年来所谓种族武断派的思想与行事，往往可以到一个很乖谬的程度，就是因为不了解这个分别；就是平心静气研究种族问题的人也十九没有把这分别弄清楚。

近年来德国希特勒与纳粹派的排犹政策便建筑在此种错误的种族概念之上，也就是武断派思想的必然的一个产果。日耳曼人和犹太人都不成为分类的种族，任何一方都是许多种族（这里的种已属假借，严格言之，今日的人类只是一种）混合而成，而日耳曼人与犹太人之间，自身又发生过不少的混合作用。不论德、犹二民族自身的混合程度如何，双方一样的有许多不同的血系，而这些血系一样地有优劣高下之分，是无疑的。纳粹党的武断政策便不采取这种看法，一口咬定日耳曼人是优等种族，而犹太人是劣等种族，从而对后者加以压迫驱逐。纳粹党把这主客的两类人看做两个种族，是第一个错；在二者之间，作笼统的优劣判断，是第二个错；根据这判断而实行一种武断与抹杀的政策，是第三个错。而这三个错误全都从不了解或曲解了种族的概念而来。从我们第三者看来，犹太人中有很好的血系，是无待多说的，而日耳曼人有很坏的血系，至少在德国同时推行的绝育政策里，我们也已经找到了证据。

分化与专化的道理也是同样地没有被人领会与合理地运用。相当的分化与专化是不可少的，个体的发育与种族的演成都要靠它。西文里的种字与专字同出一源，亦见一派生物非相当的专化不能成一个特种。不过分化与专化都有一个限度，这限度又取两种方式。一是在全部之内，局部虽走上分化与专化的路径，而至少总有很小的另一局部是保留着比较原始甚至于很原始的状态的；就个体论，最显而易见的是精质与体质的分别。分化与专化为的是教生命可以化为高明博厚，而比较原始的状态是所以维持生命的悠久，两者都是少不得的。二是分化与专化的那部分，在分化与专化的时候，也得有一个止境。人的前肢专化而为手臂，手的大拇指专化而能与其他四指相对，从此对生活多了一重把握，这当然是一个进境，但五指的格局始终保持着两栖类以来的原始状态，没有像鸟的变为翅膀，马的变为奇蹄，高飞远走以外，别无用处。鸟与马还算是有幸运的例子。有生以来，因专化趋于极端而亡族灭种的物类便不知有过多少。分化与专化所以成种，亦所以灭种，犹之乎水所以载舟，亦所以覆舟，也未始不是演化论的一个很大的教训。

但这教训我们并没有接受。这从近来学术与教育的趋势里最可以看出来。学术分门类，是对的，分得太细，太分明，以致彼此不能通向，以致和生活过于不相衔接，不相联络，便有走极端的危险了。英国人文思想者席勒（F.C.S.Schiller）说，一门学问最大的仇敌，就是这门学问的教授，因为他走的路是"牛角尖"的路，越走越不通；可见一门学问过于专化的结果，且与本门学问不利，一般人生的福利可以不必说了。中国以前也有"虽小道必有可观，致远恐泥，君子不为"的说法，小道二字是不适当的，但致远恐泥的戒惧心理是对的。我们现在常说敌人越是深入，越不免踏进泥淖里去；要知在中外学术界里，这一类陷入泥淖的人正也不少咧。说到这里，我们就会联想到上文所提的专化限度的第二个说法。

教育要养成专家，在分化专化的原则之下，也是很不错的；但若以为教育只须培植专家,那危险也就非常之大。美国大使詹森的为人,我不很知道。但有一次他在这一点上说过几句很有趣的话,他说,专家是最可以坏事的一种人,在他的本行里说话行事,他是一个十分小心谨慎,步步循规蹈矩的人,但一出他的本行,他就像放了假一般,说话行事可以全不检点。这一番话当然并不适用于一切专家,但确乎适用于很多的专家;其不适用的也许根本并不是十足的专家,而他们所受的教育,于专门而外,确也能兼顾到其他的生活方面。以前讲文质彬彬,然后君子;教育的内容尽管变动,文质兼顾的原则,恐怕还是不能废止的,就个人的教育论,他所以为专家的一部分,可以当于文,而专家以外一切应事接物之道,可以当于质。应事接物之道,往往不因时地的不同而有很大的变迁,所以可以说是比较质朴的一方面,也是比较经常的一方面,也就是上文所说比较原始的一方面。个人教育宜乎文质兼顾,国家民族的文化当然也宜乎如此了。我们目前的十分重视专家,说是一种反动,一种矫枉的举措则可,说是一个完全合乎常理的看法则不可。说到这里,我们就会联想到上文所提专化应有的限度的第一个说法。

有机演化论的原则不止上文所缕述的几条,因不了解演化原则而引起的思想与生活问题,当然更不止上文所拉杂提出的几个。不过演化论的种种精义,就在达尔文《物种起源》一书出版已满八十年的今日,还很有推广与仔细认识的必要,上文的一番讨论我想是够教我们明白的了。美国有几个大学里,演化论是各院系学生必修的学程,并且是一年级生入学后就得肄习的一个学程。我想这办法不妨推广,而成为各国大学课程里应有与必有的一部分;只是教学习社会科学的人读一门普通的生物学,像目前国内的大学所已经做到的,是不够的。同时,我还有一个希望,就是生物学家肯留出一部分在实验室里研究的余闲来,对不专学生物学的人,甚至于不做什么特别学问的人,多讲述一些生物与演化的原理,让大家知道生物学与演化论对于文明人类的贡献,并不限于农林、畜牧、医药、卫生、育种优生一类的应用艺术而止，而是可以深入一切社会生活的腠理的。我们需要许许多多的像赫胥黎一般的矮脚狗，来替演化论叫喊。

优生与社会设计

一 一个观点

把优生和社会设计相提并论的时候,我们觉得至少有两篇文章可做。一是狭义的,就是提出一个优生的改良社会的方案来。这在西洋从事优生运动的人很早就做过,我们要照抄是很容易的。第二是广义的,就是一样提出一个设计来,在每一个节目之下,总要顾到它的可能的优生的影响。这两篇文章,第一篇我根本不想做,倒并不是怕剿袭人家,实在因为它没有多大意义。一则因为它和目前中国的情形相隔得太远,大家对于优生学基本假定还未必肯接受,还说什么改革的方案。再则优生的方案,即使大家都能了解,也不能独立进行,总得和别种改革的办法共同推进,才可以收实效。第二篇文章很应当做,但可以不必做,至少可以不必全做,因为做的人事实上已经不少,他们所欠缺的不过是一个优生的观点罢了。

优生的社会设计和其他的社会设计,就所顾到的方面而论,所引用的事实而论,可以说丝毫没有分别。所不同的只是一个看法,一个背景里的哲学。社会设计的总目的无疑的是团体的幸福、繁荣与效率的促进。这是谁都承认的。但所谓团体并不是一个单纯的东西,它有三个很分明的方面;这却未必人人了解。一是团体所由造成的个体。二是团体的全般,断代地看去。三是团体的将来。谁也知道团体虽由个体集合而成,而团体的幸福并不等于个人幸福的总和,反之,面子上团体全般幸福的取得未必能使每个个体有分,更未必能使每人所得的适如其分。同样的,一时代以内的团体的繁荣未必能保障这团体的未来的繁荣,一时代的效率也未必能保障这团体的未来的效率；往往有因为一代的繁荣太大，效率太高，反而根本上妨碍了后代的繁荣与效率的。历史上这种例子并不算少。希腊文化的昙花一现，便有人用这种眼光来解释。现代美国的繁荣，谁都觉得可忻可慕，但已经有人在那里着急，以为假若团体的精力可以比做一种资产的话，现在美国人所在动用的已经是本钱，不是利息，本钱用亏到相当程度，繁荣就不免消歇。

所以一个合理的设计，应当兼备并顾到这三个方面。个人主义发达的社会里，社会设计也许是根本不可能的，万一有人尝试，也不免是偏颇的、片段的，不能照顾到社会的全般。社会主义的社会里，宜乎是很有设计的资格了，但对于个体的权能与享受，未必能考虑周到。"各尽所能，各取所需"的理想终究不免是一个理想。至于其他的设计的尝试，也许能把个人与社会双方顾全，但往往只以当前的时代做一个对象，或者，尝试的人自以为能瞻念前途，而事实上前途并不因他的瞻念，而得到什么保障。

优生学者与其他社会学者不同的一点，就在他比较的能够瞻念前途，并且瞻念得要比较清切。一样做一个设计，于个人与当前的社会以外，他更要进一步顾虑到未来的社会，或种族的前途。他希望，我在上文已经说过，在每一个节目之下，设计的人要想象到前途的可能的优生影响，即对于前途种族的健康，究属有利或有弊。中国人以前讲道德以为有三个阶段，一是独善其身，二是兼善天下，三是兼善后世。近代西洋优生学者也说我们应当把恕道的金科玉律在时间上推广出去，以达于后代。他所希望的一种社会设计，就是要兼善后世的，他和以前道德家所不同的地方，就在他因为科学——尤其是生物科学——的帮忙，能够供给一个比较切实的途径。

讨论到此，我们就可以明白为什么上文所提的那第二篇文章就不必做，至少不必全做。优生学者但须就现有的社会设计的文章上，郑重地添上一笔，也就够了。

二　观点的内容

社会设计不能不从环境下手。这也是谁都承认的。但环境的作用也并不是单纯的，而有很分明的两种。这就在演化论很发达的今日，也未必人人谅解。一是它对于个体的熏陶、浸润、感化的作用。二是他在个体之间的选择与淘汰的作用。这两种作用是很不相同的，不但不相同，有时候并且根本冲突。对于个人极有利益的环境势力，要用选择的眼光看去，即从种族的立场看去，也许根本有害。我不妨举一个很小的例子。记得从前读书的时候，有一个外国老师问我，你们中国人的牙齿如何，我说还不坏，至少我的老祖母到了八十多岁还能吃干炒的硬蚕豆。他说，那自然很好，但以后怕也要退化了，不看见大批的外国牙科医生和各式各样的牙粉牙膏都向贵国那边输送么？这话不免太得罪牙科医生和卖牙膏的商人；但他的本意是这样的：牙齿的好坏也是一种遗传的品性。在以前，牙齿坏的人，在生存竞争里，比牙齿好的人，总要多吃几分亏，因而容易失败；牙齿坏的人因失败而相对地减少，牙齿好的人就因胜利而相对的增加，这样，民族健康的程度，在牙齿一方面，不就提高了么？牙科与齿牙卫生的讲求，就个人健康的立场说，自然是极好，但若因它的姑息回护而牙齿根本上便不健全的民族分子一代多似一代，闹到一个人人非请教牙科医生不可的田地，终究也未必是民族的福利。

我们举这个例子，并不是说牙齿坏的人应该让他们去，听受自然的淘汰，要这样说，岂不是一切只便宜个人不便宜种族的文化遗业都得废弃么？那绝不是。有一部分自然主义者根本以文化为一种病态，也未尝不这样主张过。但我们不是自然主义者。齿牙的卫生，终究是比较无关宏旨的一件事，种族尽可以让个人多占一些便宜。不过在较大的争端上，种族便无论如何不便放弃，例如，保护低能者到一个程度，许他们可以自由繁殖。好在在这一类大些的争端上，个人与种族的利益，并不是完全不能调和。即如刚才所说低能者的例子，社会尽可以保养他，给他一些他所能吸收的教育，到尽其天年为止，而始终不让他有接触异性与产生子女的机会，或用绝育的方法（sterilization），使虽和异性接触，也不会产生子女。

优生学者，在做社会设计的时候，所坚持的原则是什么，到此我们就不妨加以更直截了当的说明。一样注意到环境上的种种设施，他认为这种设施的结果，于顾全个人一身的发展与幸福以外，更应该注意到这个人的血统的去路。假定他是一个优秀分子，他的智能与体力都在中人以上，我们要看他的血统，是不是因这种设施的帮衬，而得以充分地传授到下一代。假定他不但不是一个优秀分子，而是一个低能的人，并且这种低能显然有遗传的来历，我们就要看他的血统，是不是因环境的有条件的帮衬，而从他起可以断绝。好血统的遗传，是社会环境的选择作用。坏血统的断绝，是社会环境的淘汰作用。一个社会设计能兼顾到这两种作用，才算圆满。

三　适用的一个实例

根据上面的说法，我现在要举一个实例。广义的社会设计的方面很多，我们现在姑且专就教育一方面说话。一样做一个教育设计，我们可以有三个不同的周密的程度。第一个程度是只顾到各个人的均等的发展，以为人人若有这种发展的机会，一个团体的文化就可以一跃而登一个很高的境界，所以设计的最大目标是在普及，所用号召的口号就是"普及教育"或"义务教育""国民教育""识字教育"之类。二三十年前的西洋教育，及中国今日的教育，要有一些设计的话，全都是只限于这第一个程度。这种程度，只好说是周而不密，并且事实上能不能周，也还有问题。

第二种程度是于周遍之外，还要加以一番选择。设计的目的，一面固然要使人人受教育，但同时更要每人受相当的教育，所谓相当，是指所受的教育要和一个人的才力相呼应；一个人受教育的机会，和旁人所期望于他的造诣，应当看他的才力而有大小高下的分别。这种选择的功夫，可以做到什么地步，当然也还有斟酌。理想的地步是，普通人有普通人的教育，上智下愚有上智下愚的教育，一般智力高的人受一种教育，特殊高的人另外受一种教育。假定做不到这地步，也许只好就有限的地域、有限的人口，作一些小规模的选择，甚至于因为应急需求速成的缘故，只好把大部分的精力财力集中在少数高材的人口分子身上。这种有选择的教育设计所用以号召的标题，大一些的是"儿童本位教育"，小一些，也许就是"人才教育"。它的目的绝不专在求普遍，甚至于不能不牺牲了普遍以求效率的增加。智力测验发达以后的西洋教育，大战以后的德国教育，近一二年的俄国教育，至少是有一部分的设计是能以这第二种程度做参考的。美国的"机会班"、德国的"高材儿童学校"，都是专为智力在中上的儿童设想的，同时许多新式的低能院的设立又可以安插一部分智力特低下的儿童。这种办法虽还不很通行，但就已经办到的而论，不已经比以前要经济，要有效率了么？智力测验的结果，虽未必十分可靠，但拿它做根据的教育设计，事实上已经收不少的选择的实效，已经减轻不少时间与精力的浪费。所以比起第一种程度来，这第二种可以配得上兼称周密两个字。

上文所说的两种周密的程度，凡是从事教育的人是谁都知道的。他们也大概以为只要能设计到第二种程度，而能切实地见诸行事，便已经尽了教育的能事，以为对个人，对团体，已经全都交代得过。但是根据上文所提出的优生或种族健康的看法，我们以为这样一个设计，去圆满的境界还远。

真正要求设计的圆满，我们必得推进到第三种周密的程度。就是不但要取得当代的效率，更要祈求下两代、三代、四代的效率。不但要选择，并且要使选择出来的果子可以维持久远。近代文明国家中最不健全的一种趋势是，能力中上分子的婚姻率与生殖率远不及能力中下的分子。能力中上的分子，假若他的社会地位是中平或中下，他的婚姻率与生殖率也许还可以保持相当的水平，但若能力中上而社会地位也是中上，那么，他的迟婚以至于不婚，少生子女以至于不生子女的危险，便和他的能力和地位成正比例。

在这种趋势之下，上文所叙的两种教育设计的最后效果是很显然的。它对于团体的前途，不但没有益处，并且有极大的害处。就个人生活而论，就当代的社会生活而论，谁都不能不承认，这种教育设计的实利是很大的，但若瞻念到团体的前途，顾虑到未来的社会生活，我们便会不寒而栗。有功臣资格的教育，到此便突然变做一个罪魁！要是教育不普及，不把一个能力中上的人从中下的社会地位里选拔出来，他的才力当然不能充分发展，他的贡献，也许只限于一方的乡党邻里，他的一般的生活也许很平凡，很不出奇，但是在婚姻与生殖的经验上，他也就一样的平凡，并没有许多翻新的花样，结果，他的血统是很充分地传了下去，以至于好几代不替。但现在的事实并不如此。教育已经普及到一个地步，居然把他也卷入了旋涡，已经能分别智愚到一个地步，居然把他也提拔了出来，并且把他安放在一个很高的社会地位之上，很汹涌的社会潮流之中，教他把所有的精力，几乎全都用在个人与社会的功利上面，扰攘了一生，也许丝毫没有留下一些血种，甚至于连正常的婚姻生活，都没有经验到。这不是爱之反所以害之了么？名为为社会前途设想，实际上不是反而断绝了它的去路了么？

有人对于此种汰强留弱的趋势，曾经下过一个比喻。有一玻璃杯的鲜牛奶在此，滋补力最大也是最可口的一部分——奶油——正不断地向上浮起，一到顶上，便有人吹一口气，把它泼了，后来陆续上浮的奶油也遭遇到同样的运命。结果是奶油泼了一地，再也捞不起来，而剩余的牛奶已经是味同嚼蜡。目前的社会就是这样，奶油是有中上能力的人，他的糟蹋是此等人的归于淘汰，万劫不复。教育的罪过在哪里呢？就好比一种势力，不断地在旁边吹嘘鼓动，使奶油的上升更加来得直截爽快。奶油本有上升的倾向，正好比能力中上的人有在社会阶梯上高攀的倾向，都是极自然的，在上升的过程里，加以一些鼓动，也是情理上应有之事，不过假若鼓动的结果，适足以速淘汰的实现，那么，"我虽不杀伯仁，伯仁因我而死"，教育就不能不负相当的责任了。

有了上文这一段讨论，我们可以明白，以前所谓周密的教育设计，其实还很不周密，不但不周密，并且还有极大的破绽。为今之计，从事教育设计的人，就得随时随地顾到选择与淘汰的可能性，从而加以控制。他也许不必高谈优生的教育，但是在凡有教育的设施里，总得把种族健康的一些基本原理，寄寓进去，使凡是有智力受高等教育的人，不但要把他们教育的造诣，公诸当世，并且根本要把他们所以能受这一番教育的智力，他们的高级的"可教性"（educability），传诸后代；不但要为当代的文化，添些贡献，更要为未来种族的品质，留些余地。

这样一个教育设计，我以为于顾到普及与选择两个标准以外，至少更应当包括下列两个部分。

一是男女分化的教育。分化教育又得注意到两种事实：一是发育的速率，女快于男，发育的成熟，也是女快于男。二是智能与兴趣的互异。两性的智能平均虽无轩轾，但因为变异性的广狭，合而言之，受教的能力固然相同，分而言之，造诣的程度容有区别。同时因为两性情绪生活的不同，兴趣的对象，与适用智力最有效率的途径也有不少的分别。这些都是应当充分顾虑到的，否则便不足以言真正的周密。

二是性功能的教育。这又有三重关系：一是性与个人卫生的关系，二是性与社会卫生的关系，三是性与种族卫生的关系。就现状而论，性功能的教育还几乎完全没有，偶然有一点，也是只限于第一重关系，并且是家庭与学校以外一部分热心人干的事，并没有成教育设计的一个有机的部分。至于第二重关系，例如婚姻的准备与指导，便更没有人过问。至若第三重性与种族的关系，就是优生的关系，便越发在不论不议之列了。此而不论不议，我以为无论一种设计自以为这样周密，也绝不是一个百年的大计。

这一番话固然是专就教育一方面的社会设计说的，但是这一番话的背后的原则，对于任何方面的社会设计，都可以适用。不论都市化、工商业化、慈善事业、卫生事业……全都得顾虑到个人的乐利、当代社会一般的幸福与种族比较永久的安全。三者缺一，那设计便不完全、不周密。就目前的情形而论，大家最容易忽略的，或大家还没有能十分理会的，是种族的安全一层。本篇的唯一的用意，无非是把它特别提出来，使和其他两层，至少可以同样的受人注意，而成为未来社会设计的一个基本的出发点。

优生教育论

　　生命是一个过程，人类一切有意义的努力无非是要辅助这个过程，使愈益丰满，愈益便利。教育与优生的两种努力当然不是例外。所不同的是，就个人的生命而论，努力的时间有先后罢了。换言之，他们努力的对象是生命过程里两个不同的段落：优生的对象是成胎以前或先天的段落，教育的对象是成胎以后或后天的段落[①]。段落虽有前后，过程却终是一个，并且，目的也总是一样的，就是，要使后天自觉的生活更来得健全圆满。所以以常理推之，两种努力虽不一样，至少不能没有首尾呼应的关系。

　　这两种努力是缺一不可的，也是应当首尾呼应的。但就以往经验而论，我们似乎只见到教育的重要，而根本忽略了优生，至于呼应的讲求，更是谈不到了。这在一般人如此，在从事教育的贤者亦有所不免。其间有个很简单的解释，就是，他们并没有十分了解生命的本质。这可分为两层来说。第一，他们并没有十分明白生命是有绵续性的。他们以为生命过程至多不过是一百年以内的事，出生是开头，死亡是结局。比较看得远一点的，也不过是就出生的一头，添上十个月，就是拿成胎做一个起点。以前有此眼光的人便不多，所以周文王的母亲能讲究胎教，便是一个伟人了。只见百年以内的段落，而不见百年前以至于百年后的段落，或见到而认为绝非人力所可左右，于是所有的努力便不能不集中于百年的狭义的生命之上。

---

　　① 先天后天，旧以出生为界，今以成胎为界。

第二，他们也不了解生命是有变化性的，并且这变化性在成胎以前，早就落下了种子。他们接受了孔老夫子的性近习远之说，或孟子以及宋儒的性善习恶说，或西洋一般社会理想家的自然平等论，以为生命的本质，原先是很相同的，所有的变化，全都是发生于接受教养之后。约言之，他们只见后天的变化，而不见先天的变化，不见先天或成胎以前的变化，而贸然从事于后天的教养，先后天的不相呼应，是不言而喻的了。

在生物学者或演化论者看来，生命的过程可以说是找不到一个头尾的。不要说个体的生死，就是万千物种的推陈出新，此伏彼起，也不过是过程中的一些关口、一些路牌而已。优生学者对于生命过程的见解是从他们那里来的。他的生命观就是演化论者的生命观。不过他以为这个过程虽长，和我们的努力能发生关系的段落亦自有其限制。出生以前，并不是没有生命，成胎以前，成胎的因子早就存在，就是上代的精质。所谓上代，多不必算，就算父、祖、曾、高四代，也就够了。这精质的来历，优生学者认为是最关重要的问题。至于死亡，也并不是等于生命寂灭，凡是遗留着子女的人，不能算死。至少他们的精质并没有死。精质的去路如何，他和别处来的精质的遇合又如何，也就成为一个极严重的问题。在这去路的一端，和来历的一端一样，我们也就不妨以子、孙、曾、玄四代为止。以前有"君子之泽，五世而斩"的一句老话，斩虽未必，但以五世为一个段落，连自己在内，上溯五世，下推五世，也自有他的方便之处。中国以前的九族，一说也就是这样的九世。①

优生学者又接受生物学与演化论的种种原理，如变异、遗传、选择等。他以为生命的本质，自其同者而观之，固人与阿米巴可以相提并论，自其异者而观之，则同父母所生的兄弟便很有区别。本质既异，表见于外的品性自然不会一样，这就叫做变异，又叫做多

---

① 此为古文家九族说，所不同的是，旧说限于父系一姓，今则父母两系并重。

形现象。这种品性，自可以捉摸的色泽形态起，到比较不能捉摸的智能、兴趣、性情止，又可因精质的绵延，而由上一代递给下一代，这就叫做遗传。不同的色泽，不同的形态，不同的智能程度……又因婚姻生育的机会不同，而取得的遗传的机会，亦大有不齐，有的传得少，有的传得多，以致这许多品性在下一代人口中分布的局面，和上一代的很有参差——这就叫做选择，就其不传的部分而言，也可以叫做淘汰。

上面便是教育学者和优生学者对于生命本质所见不同的地方。但这种不同并不是根本冲突，一旦教育学者，像优生学者一样，也能接受生物学与演化论的几个基本原则以后，它就会无形消灭，两家的努力，便会成立一种呼应的关系。

事实上，这种呼应的关系，三十年以来，已经逐渐成立。这是要感谢一部分的教育心理学者的，尤其是美国哥伦比亚大学师范学院的桑戴克教授和他的学派。桑氏的三大本《教育心理学》，第一本是专论人的本性的；第三本的大半本是讲个别的不同的；合起来，讲生物与遗传基础的材料占到全书的一大半。桑氏又有一本小书，叫做《个性论》，也专论人品的不齐。随后，智力及其他才能的种种测验方法，一大部分也就从这一派蜕化而出。才能的研究，测验方法的发明，平时虽归入教育心理学的范围，其实也未尝不可以看作教育生物学的一部分；可惜这名字不大通用而已。"教育生物学"这个名词的不大流行，便足征以前从事教育的人，是不大讲究生物学的。

才能心理学派的努力，在教育学史里造成了一个簇新概念，叫做"可教性"（educability）。张良替"圯上老人"拾鞋子，穿鞋子，表示他能虚心，虚心便是可教性的一个基本的方面。所以"孺子可教"四个字便传到了现在。孔子抱"有教无类"的宗旨，但"不愤不启，不悱不发，举一隅，不以三隅反，则不复"的几句话也表示一个人的可教性自有其一定限制，正不必太枉费教育的心机。能不能虚心,是一个意志的问题,能不能愤、悱、三反,是一个能力的问题。必须意志与能力二者俱备,一个人才真心地可教,而可教的程度又须视意志与能力的大小为差。后来关于人性的学说渐发达,也渐渐地越来越支离灭裂,不可究诘,于是此种富有常识的见地反被遗忘。在西洋文化史里也有同样的经过情形,我们读西洋史,总有一种感想,以为希伯来民族与希腊民族经验里许多合乎常识的东西,到了基督教发达的中古时代和进步思想发达的近代,反而有丢掉的危险①。人性的差等与可教性的不同也就是一例。一直要到最近的三四十年,才能派的心理教育学者,才重新把它提出来。上文所谓"造成了一个簇新的概念"者,当然既非真正"造成",亦非完全"簇新",不过一种拨云雾见青天的功绩而已。

这"可教性"的概念,貌若平庸,实在可说是新奇,尤其是在笃信平等论与教育万能论的国家。记得八九年前有一位美国著名批评家,在一本著作②里特在篇首提出这一点。这书作者,平日很喜欢开智力测验者的玩笑。他原极聪明,如今居然有人可以用方法来测量聪明这种东西,岂不是等于"太岁头上动土"?所以在他是非开玩笑不可的。不过这位作者总算是一个虚心的人,他在这本书里明白地承认他以前错了,他以为智力测验者已经有一个很大的贡献,就是"可教性"这种东西的发现。这足征作者不失为可教的人。

我们对于可教性这概念特别的流连,不是没有缘故的。它是优生与教育两种努力中间的一个枢纽。可教性三个字中间的"可"字"性"字都暗示着教育问题不止是一个方法问题,也是一个原料问题,而原料问题尤其是基本,因为原料一有不同,方法就得改变;我们只可以教方法迁就原料,而不能教原料迁就方法;原料是个主

---

① 中古基督教文化鄙夷人事,近代二三百年来之进步思潮,又全重在人事的环境方面,以为环境改善,则人无有不善;要皆失诸偏激、抹杀,而与生活之寻常经验不合。

② H. L. Mencken：*Notes on Democracy.*

体,方法是个客体。明白了原料的重要,对于现存的原料,能分别流品高下,而施以各别的教育,对于未来的原料,能妥为选择,使可教性特别薄弱的分子,可以一代比一代减少——所谓优生的教育,大意不外如此。

根据上文的说法,可知优生教育至少包含两种功夫。一是原料的适应与发展。二是原料的选择与供给。前者有以前"因人制宜"、"因材设教"的道理;后者有"得天下英才而教育之"的道理。也可以说,前者是个人的优生教育,后者是民族的优生教育。个人教育的目的,原在充分发展他的遗传的智能兴趣,能尽量地发挥他的可教性,直接所以满足个人表襮自己的要求,间接所以替社会文化添上一些成绩。民族教育的目的,也无非是提高整个民族的健全的程度,所谓智能兴趣,所谓可教性,也就是健全的表示,也就等于健全。体育方面的可教性,就是体力健全,学问方面的可教性,就是智力健全,艺术方面的可教性,就是审美、想象等等能力的健全……这样的个人教育和民族教育,便是优生的教育。

说到这里,我们便不妨观察一下,目前种种教育的设施,已经取得多少的优生的意义。先从个人教育方面说,后从民族教育方面说。

自从生物学发达,而教育学者和他能作相当的携手以后,我们相信个人教育大体上已经有很不少的进步,即已经取得不少的优生的意义。所谓个别教育,儿童本位教育等等,都拿一个人可以发展的能力做出发点,而不再让社会的要求、政治的方便,甚至于宗教的利益,来喧宾夺主似的完全命定教育的政策。中古时代的教育,便是为宗教打算盘的;一八七〇年英国通过的教育法令便是为政治的方便的,目前德、意等国的教育,也完全受国家政治的支配;俄国的教育,于政治的方便以外,还要加上社会集团需要的一块大招牌。不过我们相信这些不是已成过去的事物,便是迟早要过去的。我们这一番话,当然并不是说个别教育是唯一合理的教育,我们也未尝不承认人有人的通性，通性的教育也是不能没有的，不过以宗教、政治、社会方便做中心的教育几于只承认通性的存在，而他们所见的通性又异常狭窄。这在了解个性的需要的人是不能不深引为缺憾的。

个别教育的分类，三四十年来也已有相当的进步。就一般的智力而论，至少我们可以有三种教育，一是为中人的，一是为中人以上的，一是为中人以下的。中人的教育我们一向就有，并且毛病正在有得太多，几乎有把一切人当做中人之势。低能教育发达以后，对于中人以下的人算是有了相当的办法。就美国而论，这已经有四十多年的历史，最早的低能班，是克利佛兰城在一八九〇年便开始设立的。到了现在，欧美各先进国的低能教育，论者谓早已过试验时期，而成为教育制度的重要部分。此种教育的费用虽大，成效也还不少。至于高才儿童的教育，历史虽还不如低能教育之长，但也已经萌芽；德国在欧战以后，为了要增加国内的领袖人才，便有"天才儿童学校"的设立。随后不久，美国也有所谓"机会班"的组织，好教高才的儿童，也有一个充分发展的"机会"。目前对于高才儿童的教育设施，虽还十分幼稚，但十年以来，大家对于他们的了解已经增加了不少；斯丹福大学里，一批学者的贡献尤其是荦荦大者。至于中人的教育，虽大体仍旧贯，但也有少数学校，能试用一些新的教学方法，使智力较高者可以速进，较低者可以缓进，不再彼此牵累（例如"三级进步法"three-rates-of-progress system）。

上文是只就好的一方面说的。但好的方面至今怕还敌不过坏的方面。低能教育虽发达，若就一地方低能者的总数而论，真能受此种教育的实惠的，实在是寥寥无几。低能儿童虽不可忽略，但究不若高才儿童的重要，而此种儿童的教育，现在还未成为教育制度的一个公认的部分。有心人偶然尝试，还不免用"机会班"一类的名目，来避免醉心于平等主义的民治社会的攻击。中人的教育，大体说来，还是以前那般的不分皂白，学校依然是一种工厂，学生依然是一种制造物；《鹅步》与《小鹅》①一类的书所讥弹的学校生活，至今并没有改。至于有特殊才能或特殊缺陷的儿童，应如何教养，在目前的教育系统里则几乎还没有提到。所谓特殊才能，大之如音乐图画及种种机械的能力，小之如插一盘钉子的速率，解开九连环的灵敏的手腕……等等都是可教性的一种，选择而教育之，则个人与社会两蒙其利，否则双方都受损失。美国是一个极看重教育的国家，也是实行强迫教育最努力的国家，但儿童逃学的，每年不计其数，地方教育机关不得不雇用特别的督察人员，来搜拿他们，纽约一城，在十一二年前，雇用此种人员，多至三百零八人！儿童为什么要逃学，论者以为最大的原因，是忽略了他们的个别的能力。智力高而进步速的因别人的牵制而不能前进，智力低而进步缓的却又不能不勉强跟别人跑；不能唱歌的，非唱不可，特别唱得好的，反而得不到训练……试问这样一个教育的场所，除了能力平庸意志薄弱的儿童以外，又有谁不想躲避呢？

其次说民族教育一方面。目前民族教育的优生意义比个人教育更要来得少。所以少的基本原因是大家并没有了解民族教育的性质是什么。不但如此，大家连民族这个概念都没有十分弄清楚。要是国家是一个政治的概念，而种族是一个生物的概念，民族必然的是介乎二者之间的，而是一个半文化半生物的概念。不说别的，民族的族字显然是一个生物的东西，所以不谈民族教育则已，否则至少有一半指的是民族健康的教育，或民族卫生的教育，为民族卫生或种族卫生，在西北欧洲诸国，便是优生的代名词。可惜近来常用民族这概念的人并没有此种了解，他们十有九个以为民族是一个文化的东西，所以民族教育也成为一种纯粹的文化的努力。间或有人联想到民族教育应以健康为目的，又不是泛泛地把健康用作一种时髦的口头禅语，便是根本把个人健康和民族健康混做一说。所以这一

---

① 即Uptoninclair所著之二书：*Goose Step*与*Goslings*.

班人所口口声声提倡的民族教育就等于普遍化的体育教育！他们完全不知道个人健康和民族健康的方法是截然两事，二者虽都得仰仗环境的改进，而前者则凭每个个体的培养摄护，后者则凭许多个体中间的选择淘汰。培养摄护而得当，对于个人固然有利，对于民族却未必有益，因为他们不健全的本质仍然可以遗传下去。但若选择得当，则民族所得的健康的保障，是比较永久的。

民族教育未能向上文所说的路径发展，即未能取得优生的意义，一半自然也因为优生学术自身流传得还不够广。优生学这门学问虽已有五十多年的历史，但是和教育事业直接发生关系还不到三十年。伦敦的优生教育学会是一九〇八年成立的；一九一一年，伦敦大学才首先有优生学讲座的设立。欧美各大学添置优生学的课程，大都在一九一五年以后，有的至今还没有，或至多不过在遗传学的课程以内，附带论及，在中国，南京金陵大学，便是最早的例子。美国优生学馆办理的优生暑期训练班，虽创办得很早（一九一〇），但到一九二四年便停止。英国的优生教育学会也组织过一种暑期讲习会，但前后不过三次（一九一八——一九二〇）。总之，四五十年来，优生学虽已有显著的进步，但至今还在少数专家之手，没有成为普通教育的一部分。将来流传渐广，可以到目前卫生学所已达到的地步，我们相信民族教育才会走上它的正轨。

优生的个人教育与民族教育以外，还有一种优生的教育，不能不加讨论，因为它是兼具个人教育与民族教育的意义的，并且是这两种教育所由成功的唯一的媒介——就是，性别的教育。妇女运动的初期，把男女看作绝对平等，甚至于根本上绝对一样；这种风气现在是逐渐过去了。既已过去，我们如今谈一谈男女两性教育的分化，想来不致有多大的妨碍。我最近在别处提出过人格三面一体的说法，以为一个人有和别人相同的通性，也有他的男性或女性，同时也有他所以别于他人的个性；这三方面拼合起来，才成一个圆满的人格。就理论说，这三方面是都应当受充分的教育的；但就事实

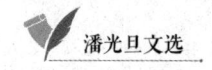

说，目前教育最多只能顾到通性与个性两方面，而于男性或女性一方面，几于全不过问。对于性别的现象，既讳莫如深，对于性别的本质、含义、效用，自更在不见不闻之列。结果是，从我们目前的立场说，个人教育和民族教育都吃了它很大的亏。在个别教育方面，是办教育的人把女子全都当做男子，而受教育的女子亦深以能作变相的男子为荣幸。原来个性和男女的性别是有连带的关系的，男女个性在类别上尽管相同，往往因一则为男一则为女的关系，而在程度上，发展的速率上，运用的趋向上，发生很显然的区别。如今性别既成一种禁忌的事实，而历来的文化又是一个男性占优势的文化，于是女子教育越发达，而造就的变相的男子便越多；在女子个人方面，所取得的是一个平等的虚名，而所损失的，却是一些健全发育的实际。

　　在民族教育方面，也有同样的情形。民族教育的目的，上文说过是民族生命的健全；其最低限度是民族生命的维持，虽不进化，亦不退化；若于维持之外，更能根据婚姻选择与生育选择的原则，提高民族生命的本质，因而促进它的竞存力、开拓力、创造力；自然是更好。若问目前经历过阉割的教育制度对于这种目的究能有几分贡献，我们的答复是很不客气的一个"没有"；不但没有，并且以为它有根本斫丧民族生命的罪过。目前不可讳言的趋势是，一个人，所受的教育越高，结婚的机会便越迟越少，生育的机会当然更其如此。在女子方面，这一点是最容易看出来的。有一位美国的统计学者写着说，"最近五十年以来，美国大学毕业的女子对于母道的任务是显然地太忽略了。她们中间有一半没有出嫁，其余出嫁的一半，也是受了美国小家庭的风气的支配，没有生多少子女。东部几个女子大学的统计是这样的：已嫁的毕业生中间，百分之三十是没有子女的，其他百分之七十中间，平均每一个母亲只摊派到二点一个子女。这就等于说，每一个出嫁的毕业生只摊派得到一点四个子女，而每一个毕业生，无论出嫁与否，只摊派得到零点七个子女。而同时一个普通已婚的美国女子，平均每人可以有二点七个子女；

其移入美国未久而未受教育的女子,则每人通扯竟有四点四个子女之多"。英国和其他欧洲的国家也有同类的情形。在英国,优生学的祖师戈尔登有一次参观一个女子学校,问起毕业生的出路与成就如何,主任先生(当然是一个女的)说,大约可以分做三种吧:一是成功的,现在在社会上服务;二是无所谓的;三是一些没有出息的;再问她什么叫做没有出息,她叹了一口气说:她们结婚去了。认结婚为没有出息的女子教育,试问从民族的立场看,究有几分效用。女子教育的结果,既不免使结婚与生育的自然功能越来越发生困难,我们用民族的眼光来看,试问又何爱于有女子教育。中国目前的女子教育,既完全抄袭欧美的方式,此种违反民族健康的趋势,恐怕也无可幸免。据我所知,有一个女子大学的毕业生,便有半数是不出嫁或至今还没有出嫁的。

结束上文,我们不妨说,优生与教育的关系可以在三种教育里建立起来。一是个别教育,二是性别教育,三是民族教育。个别教育想利用优生的原料,来产生教育的结果。民族教育,则想运用教育的方法,以完全民族健康或优生的使命。而性别教育则居其间,而对于双方都有辅益。性别教育的结果,既使民族中优秀分子都能负起婚姻与生育的责任,则一方面良好的教育原料既不虞缺乏,而民族的活力与创造能力,更不怕不一代比一代地提高。

说到此处,我们不由得不回想到本文篇首所讨论的话。优生学者认为生命是绵续的,狭义的生命至多百年,而广义的生命则包括此百年的由来与去路。个别教育所应注意的是由来,民族教育所应关心的是去路。明白了由来,则教育的功夫不致虚掷,下一分功夫,多一分收获,对去路有了把握,则民族健康的程度便不会有低降的危险。对于去路有把握,也就等于由来能控制,因为这一代生命的去路就是下一代生命的由来。优生教育的理论,如此而已。

环境、民族与制度

环境、民族、制度是一个不可分的三角关系的三边。当其初，这三边并不是同时存在的。环境当然是最先存在。人类，或各个不同的种族，或后来的各个民族，原是生物在此环境中演变而成的一个结果，是后起的。人类为求自身的位育，把智能用在环境上，于是才有文化和制度；文化和制度显然是三边中最晚出的一边。不过，三边都经演出以后，它们却一贯地维持着极密切关联。最初只是环境影响人类或民族，后来民族也就影响环境。起初也只是民族影响制度，后来制度也就影响民族。环境与制度之间，也有同样的情形。所谓影响，指的是形成、选择、改变、阻滞以至于消灭一类的力量的施与和接受。而就环境与制度加诸民族的影响说，最重要的是选择。

我认为研究中国社会的变迁，包括近代与当代的蜕变在内，这三角关系是不宜一刻忘怀的。我们假定，在先秦时代，中国的环境、民族与制度有过一个比较良好的配合，即三者相互之间，都有过良好的影响。秦汉以降，局势发生了变动。最先发生变动、或变动早已发生而到此变本加厉的是环境一边。此种变动的最初步骤大概是气象学的与地质学的，我们姑不深究，我们所能确指的是黄河流域水旱灾的频仍。不断的水灾旱灾势必在人民生活上引起变化：第一步是经济的，即生活愈来愈逼窄艰苦；第二步便不免是生物学的，即人口中间，身心品性比较适合于逼窄的经济生活的分子倾向于继续生存蕃殖，否则倾向于死亡。这便是环境对民族发生了选择的影响。二千多年来，这种选择的影响从没有间断过，并且大有江河日下的趋势。

　　反过来，民族对环境，却说不上发生过多大的影响。这时期的前半叶里，南方未开辟的土地还多，北方发生一次水旱饥馑，就促成一次人口的向南移殖。从此，南方的环境是逐渐地被开拓了，而北方的环境，除了开渠防河一些有限的努力而外，并没有受到人力的更有效的修正控制，而越到后来，移民的出走越多，此种修正与控制的才力就越少，而北方环境的进化就越不可问。何以故？遭遇了灾荒的人口，何以但知消极的迁避而不识积极的防杜于前、挽救于后？要答复这一部分的问题，我们就得说到文化与制度的一边了。

　　北方环境的恶化本由于自然的原因，大概不是人力所能完全制止。但人力与人谋应该多少可以挽回一些造化。所谓人力人谋，只是少数人的聪明才智，和一时集合的大量劳力是不够的，事先必须有比较长期的文化的支持与制度的培养，方有积极应付的希望。此方面所需要的人力人谋，显然地牵涉到近代所称的理工的学术。先秦时代是中国一切学术萌蘖的时期，当初也还包括不少的理工的成分在内；不过，一方面可能因为道家之流对于自然主义讲得太过，一方面也可能因为儒家之流对于中庸通达的道理求得太亟，所以远在春秋战国年间，近代所称为"科学"或"理"的东西早就成为"小道"，而"技术"或"工"的东西也早就成为"贱工"。理与工，科学与技术，在中国文化与制度里，根本没有取得一个适当的位置，一个发轫的机缘，后来的发展累积自更无从说起（说详拙稿《工与中国文化》，《自由论坛》，第一卷，第一期）；到今日之下，只落得，一条黄河还是像《老残游记》里所说的贴满着烂膏药的一条大腿。大腿如此，大腿以外的遍体疮痍，也就可想而知。

　　这便引进到文化与制度，如何追随在自然环境之后，在民族的本质上发生它那一部分的影响了。从春秋战国时候起，我们的文化生活所走的路径，最显著的，似乎始终只有上面所说的两条，一是无限制地顺适自然，二是在逼窄的经济条件之下求其所谓中庸通达。演化论讲"物竞天择，适者生存"之理，所谓天择，初则直接凭借自然的种种势力，终则势必假手于文化的种种势力，即以文化的事物为支点而引起轩轾的生育死亡。二十年来，论者分析中国民族的品性，就其不健全的部分说，大率集中于私、愚、病、乱等几个特点，这我是同意的。我所不能同意的是，他们以此种特点为完全由于后天的养教无方，而我则以为一半由于先天的遗传不利。遗传的不利就是选择的结果。在饥馑荐臻的自然环境里，只有先天有更多的私、愚、病、乱的倾向的人才适于生存——是第一步，是所谓自然选择；极端顺适自然或将就自然的人生观又助纣为虐似的推进这种趋势——是第二步，是所谓文化选择，呼之为假手于文化的自然选择，亦无不可。这都是属于上文所称第一条路径的话。自然本有维持平庸分子的生育繁殖的倾向，因为在寻常的环境里，越是此类分子越能够作多方面的消极的敷衍应付，越是适于生存——这又是第一步的自然选择；中庸通达的人生观，特别是久经误解为"不偏不易"的中庸论，又在这一方面成为一股推波助澜的很大的力量——这又是第二步的文化选择。这是属于第二条途径的话。总之，由选择而来的私、愚、病、乱等特点，以及一般身心能力的平庸，不能不说是二千余年来民族所以适于生存的最大原因。但适于生存并不等于善于生存，"适"是自然的趋势，"善"是人为价值判断；有聪明智慧的人类和吸食现成的寄生虫是同样的"适"，却不是同样的"善"，也可以说善不善的判断根本不适用于寄生虫。中国民族的生存至今证明了"适"，至于和其他民族较量以后，究属"善"到如何程度，则有非片言所能置答的了。

　　上文所说大部分是环境与文化如何先后影响民族的话，小部分则属于民族如何影响环境；我们发现民族所受者甚多，而所施者甚少。其次应当一论先秦而后民族对文化与制度的影响又如何。这方面的影响比较对环境的要大得多，不过十之八九也是消极的而不是积极的，即其目的端在使修订后的文化与制度可以进一步地帮民族的忙，教民族得以在越来越逼窄的环境里，始终顺适，永久维持。我们不妨举两三个例子。走了样的中庸之道便是很好的一个。中庸之道原教我们一面"用中"而一面"执两"的，即执中而有权的，但秦汉而降，尤其是宋代以还，民族积极位育的力量趋于衰弱，其对于一切二元或多元的局面的反应，往往只有"左支右绌"或"左右做人难"之苦，而不复有"左右宜之"或"左右逢源"之乐，于是执中无权的种种看法，有如"天经地义""纲常万古""以不变应万变"……就应运而来。于是误解的中庸论与平庸的民族性终于成为两个互为因果的东西：哲学越讲不偏不易的中庸，民性便越趋于平凡庸碌；民性越趋于平凡庸碌，哲学便越不能不"修正"中庸之论，使不偏者愈益不偏，不易者愈益不易，如此往复推挽，构成了中国民族生活史里一个最不容易打破的恶性连环！

知足知止的观念也是很好的一例。初则逼窄的自然经济环境迫使我们不得不知足知止，继则本性上比较能知足知止的人口分子不免在竞存上多占一些便宜，少受一些亏累，终则我们认为知足知止是最合理想的一部分人生观，允宜垂为明训，千古不磨。从此环境越逼窄，生活越艰苦，能知足知止与甘心知足知止的人便越多，而知足知止的哲学便越发牢不可破，更从而繁育知足知止的人与增添环境逼窄和生活艰苦的程度——不又成为一个恶性的连环了么？从先民自强不息、日进有功的人生观退到知足不辱、知止不殆、一动不如一静、多一事不如少一事的人生观，其间的距离真不可以道里计；然而这绝不是偶然的，而是极有来历的；变动了的民族性格终于"修正"了民族的处世哲学。

但是最好而最具体的一例是我们的畸形发展的家族制度。在任何情形之下，求生的欲望总是最强烈的。生命的发展有它的高明度，有它的博厚度，也有它的悠久度或绵续度。一个健全的民族生命是要求多方面的发展的；其个别的分子的种种努力则足以促进高明，增益博厚，造成巩固而灵活的社会团结，和光明而甘美的文明进步；而血缘的世代嬗递，便是悠久无疆的张本。我们的民族呢？大体平庸，分子中私、愚、病、乱者特多，而奇才异禀者特少，既有如上述，则个别分子所能努力的方向与此种努力的造诣都不免受很大的限制，博厚高明的生命发展也就无从说起了。但上面说过，求生的愿望与生命的力量是抑制不住而总须觅出路的，博厚高明一路既因先天不足而一时走不大通，就只有走绵延悠久的一路了。二千多年来，我们的生命力事实上几乎是倾筐倒箧似的灌注在这一条路上。一个个人，尽管活上七八十岁，忙碌了一辈子，其实际的成就，在社会与文化看来，几乎是等于零，事业说不上，学问说不上，甚至于对别人的一些热闹、对自己的一些享受，也说不上，说得上的只有一点，就是在一脉相绳的生命上，他尽了一分承先启后继往开来的能事。这不能不说是一大事实。而促成这事实的文化的力量便是家族中心论与家族制度。时人喜欢说到"国格"与"民魂"，这类东西究属有没有，我不知道，但就这里所讨论的一点言之，真像民族有一种整个的活力与综合的心理，而此种活力与心理有它的自求多福的直觉，觉得既不能向高明博厚的方向发展，就只好向绵延悠久的途径进行。换言之，畸形庞大与笼罩一切的家族制度不妨说是民族心理的一个补偿，一个自卫机构，目的在把失诸东隅的收诸桑榆，否则岂不是就等于生命意志的消失与生命的放弃了么？还有一层值得提出的，就是家族制度和上文所说的两条文化生活的大路，事实上有密切的联系。生生不已，是自然主义最基本的部分；在个人与社会的二元之间，家庭是允执厥中之点；有了家族制度，这两条路就合而为一，并且取得了充分表达的机构。

上文把自然或环境、人或民族、文化或制度的三角关系说了三分之二；其余三分之一，环境与制度间的相互影响，我就不预备说了。因为这三分之一是大家最熟悉的。就环境对文化的影响言，地理学者与地理学派的社会思想家早已说得清清楚楚；而就文化对环境的影响言，则自理工学术昌明以后，到处可以看到例证，更自不言而喻。就历史上中国社会说，大抵环境影响制度的地方极多，而制度改动环境的地方有限。民族对环境既但知一味地与一贯地作消极的位育，有如上述，它当然是拖了文化制度一致的顺适将就；环境既予取予求，民族与制度就将错就错，挣扎的机会无多，奋斗的努力更少；我们虽不是寄生虫，我们走的多少是寄生虫走过的路。

宣传不是教育

寒假期内（民国二十九年），西南联合大学的同学到四乡去做了些兵役的宣传，又举行过不止一次的兵役宣传讨论会，在讨论会的布告上用大字写着"宣传也是一种教育"，意思是深怕人家瞧不起宣传，因而不高兴参加关于宣传的讨论会，或是不热心担当宣传的工作。我在这篇文字里，准备向热心从事宣传的人进一解：宣传实在不是教育，不宜与教育混为一谈，教育工作是越多越好，宣传工作是越少越好，一件用一张嘴或一支笔来做的工作，要真有教育的价值，真值得向大家提倡，那就不客气地叫它做教育就是了，大可不必袭用宣传的名称。兵役的教育就是一例。那些瞧不起宣传的人，对宣传工作取怀疑态度以至于厌恶态度的人，是很有他们的理由的。

宣传与教育都是一种提倡智识的工作，这一点是双方相同的。但双方相同的只限于这一点，不相同之点可就多了。

教育与宣传的根本假定便不一样。因为假定不一样，于是提倡或施行的方式也就大有分别。教育假定人有内在的智慧，有用智慧来应付环境、解决问题的力量。教育不预备替人应付环境、解决问题，而是要使每个人，因了它的帮助，十足利用自己的智慧，来想法应付，想法解决。教育又承认人的智慧与其他心理的能力虽有根本相同的地方，也有个别与互异的地方，凡属同似的地方，施教的方式固应大致相同，而互异的地方便须用到所谓个别的待遇。根据这两层，近代比较最健全的教育理论认为最合理的施教方式是启发，不是灌输，遇到个别的所在，还须个别的启发。

宣传便不然了。它所用的方式和教育的根本不同，而从方式的不同我们便不能不推论到假定的互异。宣传用的方式显而易见是灌输，而不是启发。它把宣传者所认为重要的见解理论，编成表面上很现成的、很简洁了当的一套说法，希望听众或读者全盘接受下来，不怀疑，不发问，不辩难，这不是灌输么？这种灌输的方式是说不上个别待遇的。说法既然只有一套，或差不多的几套，又如何会顾到个别的不同呢？从这种提倡或施行的方式，我们便不由得不怀疑到从事于宣传工作的人多少得有如下的假定，否则他便不免气馁，而对于他的工作无从下手。他得假定智慧是一部分人的专利的东西，只有这一部分人，比较很少数的人，才会有成熟的思想，才能著书立说，才有本领创造一派足以改造社会、拯救人群的理想；其余大多数的人只配听取，只配接受，只配顺从；至少，这些人虽有智慧，那程度也只到此为止，说不上批评创造。"民可使由之，不可使知之"的两句老话，"民"字，古人有训瞑的，有训盲的，有训泯然无知的，在民本与民治思想很发达的今日，我们不能承认这两句话和这一类"民"字的解释为合理，真正从事于教育的人也不承认，但我们替宣传家设想，却真有几分为难了。

教育与宣传的其他不同之点，可以就来历、动机、狭义的方法、内容与结果等简单地说一说，这几点虽没有上文那一点的重要，但也可以教我们辨别一篇文字或一个讲演的教育价值或宣传价值。宣传原是一个由来甚远的提倡的方法，社会学家也一向把它认为社会制裁的一个方式，不过把它当做一个社会问题看待，把它判断为近代社会病态的一种，却是欧洲第一次大战以后的事。十余年来，欧美的思想家、教育家、社会学者、心理学者，尤其是社会心理学者，在这题目上已经下过不少的功夫。我们在下文要说的话，大部分便是他们所已得的一些结论。

一篇宣传性质的稿件往往会引起来历的问题。我们看到一种宣传品之后，时常要问这宣传品究属是谁的手笔。我们所能找到的答复，有时候是一个笼统的团体的名字，或者是一个个人的两个字的假名。有时候连这一点都找不到。约言之，宣传品是往往来历不明的，是没有一定的人负责的。何以要如此？我们可以推测到两个原因，一是内在的，而一是外来的。宣传的动机与内容也许有经不起盘驳的地方，所以作者不愿或不敢把名字公开出来，愿意藏身幕后。这是内在的原因。在思想与言论统制得很严密的社会里，顾忌太多，动辄得咎，在所谓"正统"中的人为了拥护正统而不能不有所宣传，固然可以大张晓谕地做去，甚至于组织了机关专司其事，但在所谓"异端"的少数人士就没有这种方便了。他们除非是甘冒不韪而干法犯禁，便只有藏身幕后的一法，这是外铄的原因了。但无论原因如何，在接受宣传品的大众中间却发生了一个严重的问题。听信么？来历不明，为何轻易听信？不听信么？其间也许有些很有价值的见解或主张，轻易放过了，又岂不可惜？大抵轻信的人最初是听信的，但若宣传的方面一多，甚至彼此互相抵触，轻信的人也终于不再置信；而多疑善虑的人，则因来历不明的缘故，始终不肯听信，甚至于还要怀疑到幕后必有恶势力的操纵指使等等。结果，在宣传盛行的社会里，究其极可以闹到一个谁都不信谁，谁都怀疑谁的地步。宣传的所以成为社会问题，这是很大的一个原因了。不用说，这来历不明的问题，在教育一方面是很难想象的。

教育也没有动机或用意的问题。要有的话，根据上文启发智能的一段理论，我们可以知道主要的动机还是在促进受教者的利益，而不是施教者自己的利益。受教者终究是主，而施教者是宾。在宣传一方面，这主客的地位却往往是颠倒的。一个卖某种货品的商人，在广告里说了一大堆价廉物美的话，好像是专替顾客设想，其实最后的用意总不脱"生意兴隆，财源茂盛"。一个教门送宣教的人出去，为的是要人改邪归正，去祸就福，甚至于出生入死，从他们那种摩顶放踵的生活看来，他们的动机不能说不纯正，用意不能说不良善，但从他们对于信仰的态度看来，他们依然是主，而接受的人是宾。他们笃信天下只有一派真理，只有这派真理可以挽回人类的劫运，不惜苦口婆心地向人劝导。从这方面看，他和那卖货的商人根本没有分别，同样的名为无我，其实有我。一个宣传一种改造社会的理想或主义的人，所处的地位正复和宣教师的相似，他费上无限量的笔墨与口舌的功夫，为的是要人群集体的生活进入一个更高明的境界，不错，但我们不要忘记，他费上了这许多功夫，也为的是要成全他的理想，他的理想的"他"字上照例要加上一个密圈。

不过从接受宣传的人的立场看，商人、牧师和主义宣传家的努力总见得太过于一厢情愿。同时有别家的出品、别派的信仰、别种的主义在，他为什么一定要接受这家的而不接受那家的呢？他也许根本不需要这商品，也许正期待着科学家给他一个比较正确的宇宙观、人生观、社会观，而无须乎一派特殊的宗教与社会理想来撑他的腰。这种物欲少的人，与不做白日梦的人，社会上并不太少，只是广告家与宣传家太过"心切于求，目眩于视"，看不见他们罢了。自从广告术与宣传术盛行，这种人也确有日渐减少的趋势，宣传的所以成为社会问题，这也是方面之一了。

教育与宣传又各有其狭义的方法。我说狭义的，因为广义的上文已经说过，就是启发与灌输的分别。在宣传方面，所谓狭义的方法事实上只配叫做伎俩。这种伎俩有属于机械性质的，有属于艺术性质的，例如交通工具的利用，又如公务机关会客室里琳琅满壁、五光杂色的统计图表等等；但这些还是伎俩之小者，我们搁过不提。最关重要的是属于逻辑性质的一些不二法门。研究这题目的人普通把这种伎俩分做四种。一是隐匿，就是把全部分或一部分的事实压下来，不让接受宣传的人知道。二是改头换面，大的说小，小的说大。三是转移视线，就是，把大众的注意从一个重要的甲题目上移到比较不重要而比较有趣的乙题目上。四是凭空虚构。这四种伎俩都是无须解释的，大凡不修边幅一点的宣传家，包括一部分的新闻事业与广告事业的人在内，大都很擅长，而在稍微有一点眼光的接受宣传的大众，也大都看得出来，绝不会每次上当，不过，就一般的社会影响而论，结果一定是很坏的。一个问题的解决，一方面固然靠人的智慧，一方面也靠比较准确的事实的供给，如果负一部分供给责任的人可以任意播弄，指黑为白，甚至于无中生有地捏造，其势必至于增加问题的复杂性而永远得不到解决的途径。至于教育一方面，无论近年来研究教学法的人怎样地设法花样翻新，这一类的弊病是没有的。

其次说到内容。这和上文所提的方法或伎俩很难分开。它和动机也有密切的关系。内容的价值如何，当然要看动机纯正到什么程度与伎俩巧妙到什么程度了。大抵动机纯正的程度，与伎俩巧妙的程度成一个反比例。不过我们即就动机比较纯正的宣传说，它多少也得用些伎俩，而这种伎俩势必至于影响到内容的价值。这种宣传家总喜欢把一个问题看得特别的简单，而提出一个同样简单的解决方案来。把问题看得简单，也许故意地看得简单，是伎俩，而这伎俩是近乎上文所提的改头换面的一种。把方案提得简单，便是内容了。举一两个浅近的例子看。有的宗教把人世的痛苦都归到初元的罪孽上去，是何等简单的一个问题的认识与问题的诊断？只要大家能忏悔，以前的孽债就可以一笔勾销，而新生命可以开始，又是何等简单的一个解决的方案？孟子是中国古代很有力量的一位社会改造家。改造家照例不能不用宣传，而宣传家照例得有一套关于问题诊断与问题解决的说法，即，照例得有标语与口号一类的东西，照例得有一个幌子。孟子的幌子只有十来个字：人性本善，人皆可以为尧舜。他的诊断和一部分宗教家的恰好相反，而简单的程度，则彼此如出一辙。人性是何等复杂的问题，以孔子之圣，还不免讳莫如深，而孟子信手拈来，便下一个"本善"的妙谛，不是很奇怪的么？不过我们只要把孟子的宣传家的身份（他的身份不用说不止一个）认识清楚以后，也就觉得不足为奇了。当代社会问题一天比一天复杂，像孟子一般蒿目时艰的人也一天比一天增加，像"性善"一类非十分十二分单纯不足以广招徕的说法也一天比一天地滋长繁荣起来，读者自己应"能近取譬"，无须我举什么例子了。

孟子自称知言，又提到他能辨别四种辞，诐辞、淫辞、邪辞、遁辞，而知道每种的病源所在。我们看了孟子的性善论，觉得应该再加一种辞，不妨叫做"易辞"，而其病源便在太切心于求得一种结果，初不论这结果是商品畅销，或天下太平；因为过于热衷，就不免把问题看得过于容易，把解决的方法说得过于容易。目前宣传家的大患，正坐内容中"易辞"的成分太多。

根据上文，我们可以知道宣传的结果和教育的结果，不能相提并论。宣传在来历上、动机上、方法上、内容上既有这种种可能的弊病，则在接受的人会受到什么不良的影响，是可想而知的。他可以受蒙蔽，受欺骗，受利用，即或所接受的是一派未可厚非的信仰或理论，其动机绝不在利用，在欺蒙，其影响的恶劣还是一样，也许更严重。受骗是一时的，上过一次当的人也许可以不上第二次，但一种偏见一经培养成功，要设法纠正，往往是一件穷年累月而不见得有效果的事。近年讲教育理论的人有所谓"重新教育"（re-education）之说，也无非是想运用教育的原则与方法，就中过宣传的毒害的人身上，挽回一些造化罢了。①

---

① 参看美国 F. E. Lumley 所著 *The Propaganda Menace* 一书，特别是第四、五、六、十四等章。又拙译赫胥黎《自由教育论》中《说暗示的抵抗力及其他》一节。《宣传不是教育》一文作于一九四〇年，而赫氏的议论则我在一九四三年才看到；大而至于一般的自由教育的见解，小而至于宣传足以为自由教育的一大障碍的看法，赫氏的话真是每一句"实获吾心"。后来我把他关于自由教育的讨论（原是《目的与手段》一书中的一章）选译出来，作为单行本问世，这也未始不是一部分的动机。

荀子与斯宾塞尔论解蔽

无论做学问、做事、做人,第一个大难关是去蔽。蔽,普通也叫做成见;其实成见一词不足以尽"蔽"字所指的种切。大凡一人心理上一切先存的状态,有如意志与各种情欲,和先入的事物,有如见解、记忆、习惯之类,都足以影响此人对于后来刺激的反应,使失诸过度,或失诸不足,也足以影响他对于后来事物的看法,使不能客观,使得不到最较近情的事物真相——这些都可以叫做蔽,初不限于见解上的先入为主的一端。

去蔽的重要,与如何可以去蔽,因此也就成为思想家、学问家与德行家的一个先决的大问题。在中国思想史里,这也确乎是极早便有人提出的。"人心惟危,道心惟微,惟精惟一,允执厥中"一类的话便是很好的例证。到儒家成为一个学派以后,这问题的提出便更频数、更具体。《论语》说到孔子绝四:"毋意,毋必,毋固,毋我。"又说到明与远的一番道理,都和祛除成见及保持客观有直接的关系。至于论到周比和同的君子小人之别,虽若比较间接,关系也未尝不切,因为,成见的变本加厉,牢不可破,以至于教人不自知其所持者为一种成见,往往由于党偏,由于朋比,由于苟同者多,而不苟同者少。党偏朋比,事实上就是成见的社会化。所以唯有在力求不党不比的形势之下,一人才比较容易发现其成见之所在。反过来,成见被发觉的机会既加多,成见社会化的机会便减少,而党偏的不健全的社会现象也就比较地不轻易发生了。

《大学》八目,涉及去蔽问题的倒有三目:诚意、正心、修身。诚意一目所说的,事实上等于对一己的力求客观,不自欺,不掩耳盗铃，就是不自蔽。正心一目提到身有所忿愧、恐惧、好乐、优患，则不得其正，更显然地与蔽的问题有关，所谓不得其正，就等于说不能客观，或好比天秤称物，不免畸重畸轻之弊。这在今日，我们更直截了当地叫做一时的主体情感之蔽。至修身一目则说得更清楚了："人之其所亲爱而辟焉，之其所贱恶而辟焉，之其所畏敬而辟焉，之其所哀矜而辟焉，之其所敖惰而辟焉；故好而知其恶，恶而知其美者，天下鲜矣。故谚有之曰，人莫知其子之恶，莫知其苗之硕。"辟，就是蔽，唯其有这许多情感的关系，所以蔽，唯其蔽，所以不知。这些蔽也属于主观情感的一路，和正心一目所说者同，不过正心项下所指的是一时感于物而发生的情绪状态，而修身项下所指的是比较持久的感于人的情绪关系，又显然的很有不同了。修身一目的讨论里，除了去蔽而外，更无别的，足见身之修不修，完全要看蔽之去不去。人我关系从家庭开始，情绪一方面的关系亦以家庭之内为最密切，所以如果能于此早下一些切实的去蔽工夫，则家齐，国治，而天下可平，否则一切都落了空。中外古今，不知有过多少哲人说到去蔽的重要，这无疑是最严重的一个说法了。

不过在儒家思想系统里，在这题目上发挥得最多而又能更进若干步的是荀子。汉以来所传《荀子》三十二篇中，第二十一篇是《解蔽》，全文长至三千余言，大体上可以分做五段。一、泛论蔽之由来与蔽之种类。二、分叙前代君臣因蔽得祸、因不蔽得福的若干例证。三、数说近来（春秋后期与战国前期）思想派别的各有其蔽，唯有孔子是一个例外。四、论解蔽的方法，这一段是全文精要所在，议论最长，又大致可以分为两部分：一是原则的认识，二是方法的推敲。原则的认识包括三种：一是道的整个性；二是人心的本质应须培养，使始终能维持一个所谓虚一而静的状态；三是唯有如此状态的心才能见到道之整体，而非道之一偏，才不至"蔽于一曲，而暗于大理"。方法的推敲也包括两层：一是治心，二是治学。治心的讨论虽长，大旨仍不外《大学》里诚意正心两目所说的那一番精神。治学又细分为两个部门，各有其标准鹄的：一是明理之学，其止境是"圣"，是"尽伦"；二是致用之学，其止境是"王"，是"尽制"。一人不学则已，否则必力求兼赅这两个部门，凡属不以此为鹄的或经不起此标准的盘诘的学与术都是偏颇的，都是蔽的产物，且转而滋长更多的蔽。五、结论的话很短，而意义却很深长，因为它专说到一点，就是政治的公开或政治领袖的态度宣明未始不是解蔽的一大条件。解蔽的条件虽多，求诸环境的只有这一个，其余每一个人都得求诸自我，这一层也很值得加以指出。

我们说荀子的讨论去蔽或解蔽，要比前人进了若干步。路依然是一条，但较前要更踏实，见到的境界更多。这当然和时代很有关系。荀子生当战国的后期，政治、社会、思想的局势比以前要复杂得多，动乱得多；他自己在篇首就说："今诸侯异政，百家异说，则必惑是惑非，惑治惑乱。"所以一样讲到蔽，他所讲到的要繁变得多；一样想应付蔽，他的努力要困难得多。即如说蔽的种类，我们在《大学》里所能看到的始终只限于意志与情绪的方面，诚意一目下所间接涉及的蔽可以说是属于意志的，而正心修身两目下的蔽则显然是情绪的，不是一时的情绪状态，便是比较持久的情绪关系。约言之，《大学》论蔽，始终没有脱离人，不是发乎个人的心境，就是发乎人我的关系。到了荀子，我们又发现了两个足以产生偏蔽的外铄的境界，一是人在时空两间里一般的际遇或处境，二是见识或学派所构成的门户；第二种境界也未尝不属于一人的际遇，但比较特殊，并且表面上是完全属于理智一方面的，至少当事人自以为属于理智而不涉情感的，是由于是非的判别而不由于好恶的抉择的。荀子历数为蔽之端，说："欲为蔽，恶为蔽，始为蔽，终为蔽，远为蔽，近为蔽，博为蔽，浅为蔽，古为蔽，今为蔽。"欲与恶两端，属于情感方面，犹仍旧说，可不再论；至若始终、远近、今古诸端，便属于所谓际遇的境界，非前人所曾道及的了。博与浅的两蔽则属于理智或见识的境界，而是下文历叙学派之蔽的一个张本，下文说："墨子蔽于用而不知文，宋子蔽于欲而不知得，慎子蔽于法而不知贤，申子蔽于执（势）而不知知（智），惠子蔽于辞而不知实，庄子蔽于天而不知人。"①

　　说到解蔽的方法，荀子也有远到之处。关于道的认识与心的认识，荀子的议论始终是儒家的面目，并不新奇，不过细密的程度却增加了许多。如论心的一段，虽始终不离乎《大学》所论知止与定、静、安、虑、得的本旨，但经他反复申说之后，我们便觉得清楚与可以捉摸得多了。治心的一段讨论亦然。但治学的一段则远到而外，又很有几分独到，一曲与大理之分，物物与精道之辨，圣伦与王制之别，虽都有所本，其说法总是新颖可喜，后世所称内圣外王之学，不妨说就是从荀子开始的。初说到大理大道，好像有些玄虚，其实说穿了也很是单纯，他只是要我们明白：人生是一个整体，知识、学问、行为，所以辅翼人生与表达人生的，也不得不是一个整体，凡属整的东西、全的东西，我们不能以一偏来概括；近百年来的社会科学家，凡属学养较深、见识较广而理解力足够把握的，都作如此看法。有趣的是，远在二千多年前，荀子已经看得十分清楚，所以于历叙学派之蔽后，接着就说："由用谓之，道尽利矣；由俗（欲）谓之，道尽嗛矣；由法谓之，道尽数矣；由执（势）谓之，道尽便矣；由辞谓之，道尽论矣；由天谓之，道尽因矣——此数具者，皆道之一隅也。夫道者，体常而尽变，一隅不足以举之。曲知之人，观于道之一隅，而未能识［其为一隅］也，故以为足而饰之，内以自乱，外以惑人，上以蔽下，下以蔽上：此闭

---

① 《解蔽》一篇而外，荀子在别处也有同似的议论，例如在《天论》里他说："万物为道……愚者为一物一偏，而自以为知道，无知也。慎子有见于后，无见于先；老子有见于诎，无见于信；墨子有见于齐，无见于畸；宋子有见于少，无见于多。"先后指的是恬退与奔竞之分；诎信即屈伸，指刚柔与有为无为之别；齐畸指平等差等之异；多少指情欲的种类分量。所云"有见"，就是偏，"无见"，就是蔽，是不待解释的。

塞之祸也。"真是慨乎言之。我们如今评论功利主义、享乐主义、权力主义、自然主义、命运主义……字眼口气虽大有不同，精神不完全一样么？这种精神，即在目前，既还绝对说不上普通两个字，如果有人提到，真还有好几分空谷足音的意趣，在二千多年前，岂不更见得新鲜么？至于承认政治局面的开明为解蔽的唯一环境条件，特别在篇末提出来，则更是发前人之所未发；政治必须开明而不隐秘，前人是一贯主张的，尤其是儒家的一路，不过把幽隐之政足以养蔽的一层关系特别加以揭橥，是荀子的创见。

荀子而后，一直经过了足足二千年，我们才遇到可以和《解蔽》篇比拟的一种文献，而这文献还不在中土，而在西洋，那就是斯宾塞尔（Herbert Spencer）的《群学肄言》（*The Study of Sociology*）[①]。此书出版于一八七三年，其后约三十年，严几道先生把它译成中文，书名就是《群学肄言》。严先生在译序及译文里曾不断的用到"辟"和"蔽"一类的字样；在《译余赘语》里，也曾一度提到荀子，引用荀子的"民生有群……"的几句话，大概为的是说明他的所以把"社会学"译成"群学"，是有所本的。"蔽"字，严先生是用到了，荀子的作品也参考到了，但对于《解蔽》的篇名与其意义的重要，他却只字未提，真不能不教人诧异。群学之难，难在解蔽，群治之难，也难在解蔽，荀子与斯宾塞尔，虽相去二千余年，在这见解上可以说完全一致，严先生不把这一层标明出来，不能不说是一个很重大的挂漏。严先生一则在译序里说，《肄

[①] 我说这话，我当然并非没有理会这时期里关于偏蔽问题一些零星的讨论，例如清代学者戴震在他的三篇《原善》的下篇里就专论到私与蔽两个字。他说："人之不尽其材，患二；曰私，曰蔽。……蔽也者，其生于心为惑，发于政为偏，成于行为谬，见于事为凿为愚——其究为蔽已。凿者其失为诬，愚者其失为固。"又说："解蔽莫如学。"又说："得乎条理者智，隔于是而病智之谓蔽；巧与凿以为智者，谓施诸行不谬矣，是以道不行。"（《戴东原集》，卷八）

言》之作，"所以饬戒学者以诚意正心之不易"，再则在《赘语》里说"窃以为其书实兼《大学》《中庸》精义，而出之以翔实，以格致诚正为治平根本矣"，所论和我们在上文所说的大致相同，亦于以见严先生在译书之际，未尝不作一些中西新旧的比较。一样的比较，又如何会把这一层最自然最现成的比较反而遗忘，实在是出我们意料之外。

斯氏的《肆言》分十六章，除第一、二、三、五等四章分论社会的需要、社会学成为科学的可能、社会科学的性质与社会学的客观的困难而外，其余没有一章不和解蔽的题目有关。自第六至第十二章，一连七章，是专论蔽的种类的。第十三至第十五章，是论经由修养与学问的途径来觅取解蔽的方法的，而相当于我们格、致、诚、正的旧说。第四章总论治社会学的困难和第十六章结论，自都不免部分的提到蔽的问题。十六章中，既有十二章和解蔽的题目有关，我们如果把《群学肆言》的书名改成"解蔽通论"，绝不会冒文不对题的危险。

斯氏论蔽，大体上可以分为四个部分。甲、主观理智之蔽，其中包括三四个节目：一是拟我或以己度人的倾向（拟我之拟，意义和拟人论的拟相同，就是用了自我做量断人物事理的标准）；二是以人性为一成不变或易于变动的两种相反的成见；三是理智能力过于狭窄，不够笼括；四是理智能力过于板执，不够活泼，缺乏弹性；三四两点也未尝不可以归并作一点。乙、主观情感之蔽，包括个别的性情与一时的好恶爱憎，包括一般人对军功的过于钦崇，对政治权威或掌权者的过于迷信与顺从等。丙、各种处境或际遇之蔽，这一类的蔽事实上也属于主观情感一方面，不过和乙类的有些不同，即患蔽之人不但不知其为蔽，且从而为之设辞（设词的理论，斯氏本人未加发挥，这是后来意大利社会学家柏瑞图Vilfredo Pareto的重要贡献，在此姑不深论），即设为"理有固然，势所必至"之辞，以示其见地之客观明确。斯氏用了五章的笔墨来分析证明这一路的蔽或成见：一是传统文教中一部分的矛盾的蔽，斯氏特别提出的矛盾是他所谓友爱的宗教对待着仇恨的宗教，指的是一面有讲泛爱的宗教，而一面有国家、阶级一类的偶像所培养的仇恨心理；二是种族、国家、乡土一类的事物所引起的蔽，亦有正负两方面，正面指的是一味拥护本人所属的种族乡国，不论是非曲直，反面是完全抹杀种族乡国观念，侈论大同一类的理想；三是治者、被治者和其他阶级分野之蔽，或其反面；四是属于政治方面的蔽，如政党间彼此相歧视与敌视的蔽，又如人治论与法治论之蔽；五是宗教、神学、宗派之蔽，或反宗教之蔽。这些都用不着什么解释。

斯氏在最后第四部分论到救蔽之道，其中也有两个节目。一是思想习惯的自力修养，即严氏译文中所称的"缮性"，亦即相当于诚意正心一类的工夫；二是广博的学问基础的培植，即严氏所译《宪生》与《述神》两章，相当于我们格物致知的工夫。这学问的基础确乎是包罗极广：抽象的科学，如数学、逻辑，所以示事物间关系的存在与其重要；半抽象半具体的科学，如物理、化学，所以示事物之间的因果的迹象；具体的科学，如天文、地质，所以示因果关系之连续与复杂；最后生命的科学，如生物、心理，则所示的因果关系更进入了生生不已的境界，和社会最较密迩而不可分离，因此，尤须在广博的基础里占有重要的地位。

荀子的《解蔽》论和斯宾塞尔的《肄言》各是针对时代需要的一番大议论。荀子时代，中国的诸侯异政，百家异说，我们在上文提到过了。十九世纪的西洋也有类似而程度上更严重的情形。两人的学殖修养，虽因时地迥异而大有不齐，却也有相似之处。荀子以祖述孔子自居，在学问则求集成，在思想则主综合，认为道非一隅，而精道重于物物；斯氏于接受演化论之后，始终努力于学问的融会贯通，他在这方面的成绩就是十六册的《综合哲学》，即严氏所称的"会通哲学"。两人所处的时代，所欲应付的问题，两人在学养上的准备，既都很有几分相像，于是两个人的答案也就不谋而很有几分符合了。地无分中外，时无分今古，人无分东西，人生的一些大道理是可以有如孟子所说的"一揆"的。我们不妨再作一个极简单的对比，以示一揆之所在：

	荀子	斯宾塞尔
总论之部	一曲对待大理，精道对待物物	理智力多患狭隘呆板，不能兼容并包
	诚心莫不求正，而以自为，妒缪于道，而人诱其所近，私其所积，唯恐闻其恶；倚其所私，以观异术，唯恐闻其美	全部之拟我论或以己度论
蔽之大类	欲为蔽，恶为蔽	一时之情绪状态
	博为蔽，浅为蔽	先入之见解
	始为蔽，终为蔽，远为蔽，近为蔽，古为蔽，今为蔽——凡万物异，则莫不相为蔽	各种处境遭际所形成之成见
党派宗系门户之蔽	慎子蔽于法而不知贤；由法谓之，道尽数矣	涉及国家、政治、政党与法治对待人治之各式成见
	申子蔽于势而不知智；由蔽谓之，道尽便矣	
	墨子蔽于用而不知文；由用谓之，道尽利矣	传统文化与教育之各种成见
	宋子蔽于欲而不知得；由欲谓之，道尽嗛矣	
	惠子蔽于辞而不知实；由辞谓之，道尽论矣	
	庄子蔽于天而不知人；由天谓之，道尽因矣	宗教、神学、宗派与反宗教之成见
治蔽之道	心论；虚一而静之治心论；与所谓大清明论	思想习惯之自我修养，见严译《缮性》一篇
	学论；治学论；《解蔽》篇所论之外，并见《劝学》篇	学问之广博基础之取得，见严译《宪生》《述神》两篇

本文是用不着什么结论的。荀子的议论，斯宾塞尔的议论，对战国的后期适用，对十九世纪的西洋适用，对今日的中国与国际大势，也未尝不适用；对做人治学适用，对为政与解决大小政治纠纷，也未尝不适用，而在目前的局势之下，可能是更适用。我在一年前（一九四五年冬），在昆明、重庆写过一篇短文，叫《毋我则和平统一》，半年前（一九四六年夏）又写了一篇比较长的文字，叫《派与汇》，所企求的无非是想寻求一个途径，一个涉及基本见地的途径，使支离纷扰的思想的园地，使布满着荆棘、壁垒以至于阵地的政治的局面，多少得一些宁静的机会。写出以后，总觉意有未尽，总觉还没有探手到问题的底处，最近因讲述社会思想史一题，引起了一番解蔽的话，因而联想到问题的底处就在一个蔽字上，于是才有了这篇文字。

派与汇

作为费孝通《生育制度》一书的序

一 代序的话

对于孝通的作品，借了作序之名，我又取得一次先睹为快的机会。

这是孝通六七年来在西南联合大学与云南大学开授的一个学程，就叫做"生育制度"。其实所论的不止是生育，凡属因种族绵延的需要而引伸或孝通所称"派生"出来的一切足以满足此基本需要、卫护此重大功能的事物，都讨论到了。它实在是一门"家庭制度"，不过以生育制度为名，特别从孝通所讲求的学派的立场来看，确更有点睛一笔之妙。这也是他关于此学程的全部讲稿，历年以来，不断地补充修正，才告完成；只有最后的一两章是最近补写的，因为刚从西南避地归来，旅途困顿，行止不常，又值天气闷热，与西南的大相悬殊，文思汗汁，同其挥洒，极感不能畅所欲言的苦痛，孝通自己颇有因此而将全稿搁置的意思，后来还是经我的劝告，才决定姑先付印。人生几见玉无瑕，何况瑕之所在是很有几分主观的呢？又何况此瑕不比彼瑕，前途是尽有补正的机会的呢？

将近二十年前，我对于家庭问题也曾写过一本书稿，[①]自此迄今，也曾不断地有所论列。我们先后的尝试有一点是相同的，就是都从生育的功能出发。不过有一点是很不同的，我所注意的是问题，不是制度本身；问题需要解决，所以我的用意是在提供一些

[①]《中国之家庭问题》，一九二七年（新月书店初版，再版起归商务印书馆）。

改革的意见与方案，属于下文所谓社会理想的一路；我的眼光是直截了当的优生学的，属于下文所叙到的生物学派。孝通的则不然。他所注意的是制度本身，用意是在就种族绵延的起点和制度完成的终点之间那一大段社会的与教化的文章，加以推敲分析；他的目的是在研究；他的尝试是学术性的，而属于下文所称社会思想的一路；他的眼光则属于下文将略有说明的所谓功能学派，是社会学派或文化学派的一个。好比造房子，孝通所关心的是，从居住的需要开始，到建筑的完成为止，一面要看房子是怎样构造起的，一面也招呼到和居住直接间接有关的种种需要，和此类需要的未尝不因房子的构成而获得满足；我的却仅仅表示了一个有好房子住的希望，提出了一个好房子的图样来，究属好不好，也还是另一问题。两者相较，无疑的他的尝试要比我的更为基本，更为脚踏实地。也无疑的，他这一番工作应该先做，我的则失诸过早。

  我对于功能学派一向没有深究过，近年和孝通不时接触，始取得更进一步的认识；这认识是不是已够清楚，下文所作一部分的交代是不是已够明白，还希望孝通和其他同学派的朋友指点出来。我对于这比较新颖的学派是相当的欣赏的，倒不是因为它新颖，乃是因为它于推陈出新之中能比较的综合，比其他社会学派或文化学派为更有题目中所用的汇字的意趣，下文亦将有说明。不过有一点我希望孝通和其他用功能论的眼光来研究社会与文化现象的朋友们要注意提防，就是下文所论的一般的"我执"心理，特别是此种心理所养成的"一切我自家来"的倾向。功能论既已很有汇的趣味，洵如下文所论，它所称自家之家，门户自不致太狭，派头自不致太小，事实上它和别人所已发生的"通家之好"已经是很显著；但大门墙可以出小气派，表面的通好可能是实际的敷衍，还是不能不在在提防的。例如即就孝通所论列的生育制度而言，功能论者是充分地承认到所谓种族绵延的生物需要的，这表示和生物学已经有了通家之好，但舍此而外，一切构成生育制度的材料与力量，一切其他的条件，好像全是社会自家的了，文化自家的了。这是事实么？我以为不是。鸟类构巢，蜂蚁之类造窝，若论居住的基本需要，它们是和人类一般无二，即同是天赋的要求，是生物学的；但鸟类蜂蚁没有文化，所恃的全属于心理学所称的本能，即一种生物的自然倾向，何独一到人类，全部的居住制度或任何满足一种基本需要的制度，便除了基本需要的最起码的一点而外，都算作社会与文化之赐而和自然的倾向完全绝缘了呢？鸟类蜂蚁是完全本能的，人类则除了起码的一点而外，全是文化的，在事理上总有一些讲不大通。我看问题还是出在"我自家来"的身上，能自家来总是自家来，能不仰仗别人就不仰仗别人，如果把这种精神用在一个人的自尊与独立的发展上，用在教育事业里，原是极好的，但若用在学术的领域里，我们所能得到的，充其极，可能是表面上很完整、内部也很玲珑精致的一大个归根是演绎逻辑的结构，而和现象的比较通体的解释或洞澈的认识不大相干。这就陷进一切学派的泥淖了，学派的主张既成为不可动摇的大前提，于是一切探讨的工夫，名为自果推因，实同自因寻果。

孝通在这本稿子里，大体上并没有表示一切都要自家来，因为他的准备比一般社会学者或人类学者为广博，包括多年的生物学的训练在内。不过提防还是需要的。学者总希望自成一家言，自成一家当然比人云亦云、东拉西扯、随缘拼凑、一无主张的前代的笔记家和当代普通的教科书作家要高出不知多少筹，但如求之太亟，则一切自家来的结果或不免把最后通达之门堵上。孝通在本书里有若干处是有些微嫌疑的。在不察者可能认为一家之言，必须如此说出，否则不足以为一家之言。但在博洽明达的读者便不免以"自画"两字目之了。有一两处最后已经孝通自己加以改正。至于本书条理的畅达轩豁，剖析的鞭辟入里，万变而不离功能论的立场，章法井然，一气贯串，则也未始不是一家言的精神的充分表示，在学殖荒落、思想杂沓的今日，也正复有它的贡献，初不因我的期勉的话而有丝毫损色。不过我深知对于孝通的作品，外间欣赏以至于恭维的反应绝不怕太少，陈义较高而互相勖勉的话还得让老朋友来说。

大概孝通是要我说这一类的话的，所以要我写这篇序；我也乐于接受这差使，因为我比较能说的也就是这一类的话。我说过，我对功能论没有深切的研读，我不能用同一学派的立场，就孝通的议论，或加以推挽，或寻求罅漏，而写成一篇就书论书的序；我只能就一个更广泛的立场，更超脱的展望，抱着对孝通一个更通达远大的期待，写成了一篇代序；好在在这样一个立场、展望与期待之中，功能论还是有它的不可磨灭的地位。

二　释派与汇

天下凡属有发展的过程的事物似乎都取一个梭子形的公式，起初单纯，中段复杂，末了又归于一种新的单纯；或起初优侗，中段分化，末了又归于一种新的优侗，我们叫它做综合。如果延展下去，这优侗或综合可能是又一节新分化的准备，而终于再来一个梭子似的过程。自然现象界一切有循环性的东西都可以说是采用了这样一个公式的，因为我们知道，所谓循环也者绝不是一个单纯的循环，好比一根铁丝做成的圈子似的，乃是一度循环之中，必有一个比较分化而复杂的段落，而循环的起点与终点也并不衔接，即可能是弹簧式的。植物化学家所盛称的育气的循环（the nitrogen cycle）就是如此。水的循环，大之如液体与气体的更迭变化，小之如江河湖海的流转分布，也都循着这个公式。生物滋长与嬗递世代，由种子发展为个体，由个体归结到种子，走的也是这条路。而个体由单纯的幼冲时代，经过成熟而繁变的壮年之后，以归于衰老，也有相似的情形，因为衰老也是比较单纯的；以人而论，文学家如莎翁就称之为"第二个童年"；一个人经过了所谓不惑、知命、耳顺的年龄之后，总是比较的饱经风露，炉火纯青，看得开，放得下，换言之，他的生活必然的要比壮年人简单得多了。

文化、学术、思想的演变也似乎未能外此。把人类文化当一个总集体看，如此，把民族文化或文化的各方面分开来看，也复如此；不过如果分开了看，有的民族或方面所已经历的可能不止是一个梭子罢了。就思想一方面论，以中国为例，春秋战国以前，是单纯的一个时期，春秋战国那一段，百家争鸣，不衷一是，是分化而复杂的，而秦汉以降，儒家蔚为主流，又复比较的归于综合单纯，以迄于最近，好像又正在酝酿着一个分化而复杂的新时期。以西洋为例，也有相似的形势，荷马所代表的希腊时代的思想说不上复杂两个字，从希腊全盛到灭亡的时期，好比我们的春秋战国，是变化多端的，而自基督教的传播以迄于三四百年前，显然又归宿到一个虽不融通而也还单纯的段落；三四百年以来，文艺复兴、宗教改革、科学兴起、工业革命等等，一面是思想日趋复杂的因，一面也未尝不是思想日趋繁变的果；目前西洋的思想还是在这第二度分化与夹杂的段落之中，短期内是否会有一个新的综合，虽不可必，但端倪已经有了一些，下文当续有讨论。

时人喜欢把思想比做水，例如说"思潮"。水是动的，绝对的止水或死水是不能想象的；思想也是动的，自身的发展是动，与生活的相互影响也是动，绝对不动的思想也是一样的不能想象。所以在相当限度以内，这比喻的用法是有它的方便的。我在本文题目里也用到形容水的两个字，派与汇，派指思想的分歧，汇指思想的会聚，派是分析，汇是综合，派是家数，汇是集成。学派的说法是一向有的。汇的说法也是明说暗说的都有；《百川学海》一类的书名是暗说的，"文汇阁"、《文汇报》一类的名称就明说了。春秋战国时代的诸子百家，每一子每一家是一个学派。到孔子被人称为"集大成"，就有汇的意思了；是否真集大成，真汇，固然是另一问题。孟子说孔子，提到"河海之于行潦"，那汇的意思更是显然；又提到"盈科而后进"，那盈科两字也有汇的意思；至于后代的学术思想究属进了没有，那也是另一个问题。

三 社会思想与汇

上文说到西洋的思想三四百年来始终是分化而繁变的，这自然是一个大体与纲要的说法。若论其目，则大分化之中也未尝没有小综合，大纷纭之中未尝没有单纯的企求，流派的大奔放之中未尝没有汇合的尝试。十九世纪就是这样一个企求与尝试的时期。就社会思想一方面来说，我们很容易联想到几个尝试的人，孔德、达尔文、斯宾塞尔、马克思、弗洛伊德等，不过弗洛伊德已经跨到二十世纪的初年了。这几个人中间，孔德是相当成功的；达尔文所注意的事实虽若限于生物方面，但他所提出的汇合的原则——演化论，经由斯宾塞尔、赫胥黎，以及大批的所谓社会进化论者的引伸推广之后，确乎发生过不少融会贯通的力量。马克思和弗洛伊德都有一番"汇"的苦心，但因其专门注重生命的真实的某一两个方面，有如饮食男女，其结果，至少就思想一方面说，适促成了派别的加强的发展，比较通盘的汇合的影响无由见到。如果生命的真实，推本穷源，只限于饮食与男女两件大欲，则马、弗两人虽没有一人得窥全豹，至少还能平分春色或平分秋色（究竟是春色秋色，要看读者的襟怀，在此无须确定），而事实上生命的真实所包含的似乎绝不止此。

说到孔德的尝试相当成功，我们又很容易地会联想到他的"科学的级层说"，后来演化论发达之后，又有人叫做"现象的演程说"；正唯各类现象的演出有先后迟早，斯各门科学的地位有本末高下；无论级层说也罢，演程说也罢，从此以后，我们对万殊的物象，算是有了一个综合的看法，如果宇宙有如一挂大网，自有其脉络可寻，从此也就纲举而目张，通体可以概见了。也无论用的是哪一个说法，以至于其他大同小异的说法，有如斯宾塞尔的无机、有机、超有机的三界说，我们总承认，宇宙肇基于化学、物理的种种活动，进而发生生物、生理、心理的种种现象，再进而产生社会，形成文化。中间的小层次不论，这下、中、上的三层与层层相因的原则是确立了。这最上层的社会与文化，尽管气象万千，变化莫测，绝不是无端发生的，绝不是单独创出的，也绝不是独立的、隔离的而与理化生物的境界全不相干的；尽管花明柳暗，别有洞天，却并不在天上，而依然以寻常的天时地利、山川陵谷做基础，也始终和洞天以外的天时地利、山川陵谷毗连衔接，可以出入交通。这一点小小的综合，在目前看来，虽若老生常谈，卑不足道，在立说的当初，却自有其开拓襟怀、网罗万有的意义，令人油然起宇宙一家、万物一体的感想，而使纷纭杂遝的思想学说得收衷于一是的效果。

　　达尔文的贡献也就是在这条路线上。不过有广狭的两部分。广的就是适用于一切现象的一般的演化原则，可以归入上节的话里，无须重说。狭的部分是所谓有机演化论，就是就三界中的中间一界特殊地作一番原委的推寻与因素的剖析。这推寻与剖析的过程大体上有如下述。起点是马尔塞斯在他的《人口论》中所已发挥的繁殖与其限制的普遍事实。第二步是变异与遗传现象的发现与观察。第三步，由于变异与遗传的事实，进而推论并注视到物类间的竞争（事实上未尝不包括物类之间的互助现象在内）。第四步，终于到达一个适者生存的结论，所谓淘汰或选择者是，而所谓适，指的当然是变异或遗传品性与环境的两相调协，而选择的结果便是各个物种的形成了。繁殖、变异、遗传、竞争、选择或淘汰、调适或位育，与最后物种的形成，一边是生物学家所观察到的现象，一边也就成为演化论者的几个基本概念，其中一大部分也时常被称为演化的成因。我叙到这些概念，因为它们对于前途社会思想的继续发展大都有很密切的关系，说见下文。

四　社会思想与派

不错的，孔德与达尔文所做的都不能不说是一番集成与总汇的工作。不过学术思想是动的，是要继续发展的，大概不会因有人加以总汇而从此停顿，从此安于一个盈科而不进的局面；在二千多年前的中国思想界固然发生过这种情形，在求知特别迫切、竞争特别剧烈而科学方法已趋于成熟的近代西洋是绝不会的。一向天下大势，分久必合，合久必分，而近代的天下大势，分虽可久，而合则未必持久，于是从十九世纪下半以迄于今，于一度总汇之后，紧接着一个新的分派的局面，而"派"的种子原早就寄寓在"汇"的中间。这话就又回到孔德与达尔文了。

现象的演程或科学的级层就替分派的趋向种下一个根苗，每一个"程"或"层"逐渐引伸、扩展，而独立自主起来，终于成为一个学派。上文简括的只说了三个级层，其实还不止此。化学与物理可以分做两层；而生理可以从生物里划分出来；后来心理学日趋发达，骎骎乎自成一层，社会与文化，不用说，也大可以分成两层。这样一来，派别就已经多得可观了。还不止此。每一层次本身就并不简单。物理中有数理，其他级层的现象中也未尝没有数理，数理是经，一切科学是纬，从笛卡尔以来，要成一门科学而不讲数量的分析，是大家公认为不可能的；于是社会思想的学派，可能又添上一个数理派，单独存在，或作为理化派的一个支派，而事实上确乎有。它如力学、重学等也都演成若干支派，所以物理学派也往往叫做机械学派。循了层次上推，接着是一些地理学派，我说一些，因为其中也不止一二家数，有的注重天象天气，有的着意地形地势，有的关心居家区位、产物作业，这样已经是好几家了。以上都属于所谓无机的级层。

再上是生物派了。这一派的分支之多更要在机械与地理两学派之上。生物体和机械体不同，是所谓有机的，即部分之间有一种活的功能上的紧密的联系。社会思想家中有人认为社会就是这样一个活的物体，于是就有了有机论的一个支派。在生物学界里，这有机体的概念是在演化论发展之前早就有的，不过过此以后我们就要想到达尔文了。繁殖的概念产生了人口论或人口数量论的支派；人口论不是人口学，人口学是研究人口本身的，人口论是想以人口的繁殖作为社会现象与社会变迁的一个解释的。变异、遗传、选择三个概念是分不开的，因此也有人引为根据，构成一派解释社会的理论，认为社会的治乱、文化的盛衰、民族的兴替，可以用变异的多寡、遗传的良窳、选择的正负来说明；所谓优生论或民族品质论的成为一个支派，就是这样来的。竞争的概念则演而为一派战争论，有的认为社会进步非仰仗战争不可，有的认为初期虽然如此，社会文化进展到相当程度，暴力之争势必减少而归于消灭，所以这派的内容也并不单纯。物种的概念也没有落空，所谓种族论，或种族武断论，认为种族有高下优劣，一成而不易变，愈以为不变，则其为武断也愈甚。这些支派之间，不用说，有的是比较独立的，有的不免彼此纠缠，例如选择论之于种族论，有的不大武断的种族论者大都是接受了选择论的。演化理论里一大堆概念中唯一没有演成一个社会思想的支派的似乎只有"调适"或"位育"的概念，可能是因为它比较的最富有综合性，最有"汇"的意味；大凡讲调适就不能不讲关系，每个物体本身内部的关系，物体与物体之间的关系，物体与所处境地的关系，都得讲求到家，因此就不容易分而成派，不特不容易从有机的级层分出来，抑且不容易和无机及超有机的各级层完全绝缘，独行其是。不过至二十世纪初叶以后，特别是最近的一二十年，上面这一段话又见得不甚适用，位育的概念终于帮同推演了一个新的学派出来，说见下文。

心理学是比较后起的一门科学，孔德在他的级层说里根本来不及提到它，后人虽有意把它补进那级层的祖庙里去，但昭穆的地位很难确定，有的人，即心理学家自己以及对心理学特别爱好的人，主张设位应在生物学之上、社会学之下，意思是，心理现象虽须溯源生物现象，它自身则是社会现象的生命赋与者；另有一部分人却以为没有群居生活的交相感应，则根本就不会有我们所了解的心理生活，我们的心理生活，和动物心理不同，动物心理可以老老实实地归入生物学与生理学，而我们的不能，我们的心理是团体的、社会的，所以位应在社会科学之上，也就是在社会科学之后。这一笔官司现在还并没有打完，我们留待下文再论。不过心理学者一面对外打这官司，对内却也有阋墙之争，就是，也有派别分化，例如本能论、行为论与情欲兴趣论。本能论与情欲论和生物学派的遗传论很近，承认一切社会行为有先天的倾向以至于先天的命定；行为论则和生理学有密切的关系，不过研究的人但就行为的表见下手，但就看得见的事物刺激与动作反应着眼，生理的内幕他是不管的。大概地说，三个支派之中，本能论和情欲论与生物的级层为近，而行为论则不得不倾向于社会的级层，因为刺激的来源与反应的对象多少总有好几分社会的意义。

　　社会与文化的级层不妨并在一起叙述。孔氏的科学级层里原先没有列出文化，大概认为科学而外的一般文化可以纳入社会的级层中，不须另列。到演程说出，始明白把它列入，位在社会之上之后。换言之，如果级层与演程可以比做一座塔的话，这些是塔顶上的一二层了。欲穷千里目，更上一层楼，行百里者半九十，这一二层的地位虽极崇高，其所经历的风云变幻也较其他层次为多而亲切，但总须以在前在下的各级层做基础，一个虚悬的塔尖，或一座浮空的临春、结绮一类的高阁的建筑，是不能想象的。上文所叙述的许多学派的所以存在，所以发展，目的可以说就在教这塔尖不落虚空。这些学派中人各把解释社会与文化的理论，一套一套地抬出来，倒不完全因为他们都是好事之徒，想巴结社会，讨好文化，也不完全因为他们有些中国人脾气，想以卖老或自居长辈的方法，来占人家便宜，还是因为各级现象之间是存在着一种不容抹杀的本末先后与前因后果的关系,社会与文化既属后起,尽管挺秀有加,令人生畏,在追寻种种成因的时候,自不宜完全数典忘祖,饮水忘源。可能因为这种态度发展得过分了些,也可能因为祖宗太多,各说各的,历久不衷一是,也可能因为有的理论所从出的级层毕竟是太远了些,中间跳过了好几个其他的级层,说出话来总有几分不着边际,隔靴搔痒——这一类的原因终于激出了一个反应,就是,从事于社会与文化研究的人被激而就其自己所属的级层中寻求解释,而形成了若干理论的套数。这便是社会学派与文化学派的一大部分的由来了。社会与文化级层中的部分特别多,关系也特别复杂,所以自谋解释的努力本来就可以收几分效果;但学派中人到此,不免更强调这"自谋"与"自家来"的原则,求人不如求己的原则,并且进一步地认为理应如此,认为别级层中的学者的拦入社会与文化的领域是越俎代谋,是舍己耘人,是一个错误。这态度一来,其所以成为一两个单独的学派,就更见得壁垒森严了。

　　社会学派的支流自也是不一而足。其分化的根据是一些概念上的不同与着重点的互异。我们不妨先把这些概念比较拉杂地胪列一下,事实上也很难避免拉杂,一则这些概念本身就不够清楚,再则它们中间也不免有掩叠与重复之处。每一概念自必有其对待,例如:形式对待内容;纯理对待事实与问题;人伦关系对待人的自身;集体的表象对待个人的行为;意识环境的外铄对待人的固有;动态对待静态;常经对待畸变;一般的结构功能对待零星局部的分析;等等。每一对概念的上面一个是社会学派的支派们所特别注意以至于认为非从此着眼便不成其为社会之学的,至于对方所包括的种切,则虽在社会之内,虽未尝不是社会现象的一部分,却不是社会研究的道地的对象,而应该交给生物学、心理学以及其他的社会科学如政治学、经济学之类,归它们去推敲。这样了解的社会学与社会思想,因此有人就称它们为道地社会学与道地社会学派,好比道地药材一样,也有人称此派社会思想为唯社会论,好比唯心论唯物论一般。

　　文化学派，也有人叫它做心理社会学派，从某一种方面看，可以和社会学派划分得相当清楚，就是它比社会学派要具体。"不求人"的精神，上文说过，是一样的。比较具体之所在是它能运用文化的多方面或某一方面来解释文化，解释者虽仅仅是文化的一二方面，而被解释者当然是文化与社会的全部了。到目前为止，用文化的一方面来解释社会文化全部的努力自然也不止一家，其中历史比较久，而也最有些效果的是经济与生产技术，就是马克思的一派，其次是宗教与伦理，再其次也许是法律；尝试的人都不算少。它如教育、艺术、语言文字、风俗习惯、舆论清议、科学、哲学，零星提出的也颇不乏人。即就三四十年来中国的救国论调与改革论调而言，已经可以看出此种情形来，发为议论的人虽未必都成派别，但信念既笃，主张又很绝对，行动又很积极，可知成派的趋向，始终存在，所缺的是一些成套的理论工夫而已。读者如不厌噜苏，我们不妨极简单地数说一下。在经济一方面，民生主义、共产主义、社会主义、计划经济一类的议论，我们应有尽有，是最不惮烦言的。基督教的"中华归主"运动、其他宗教的有组织的努力、孔教会或孔学会一类的团体活动、政府对于心理建设的号召、新生活运动的提倡、一般人对于世风与人心不古的烦言，则都假定如果宗教与道德上了轨道，全部的社会生活便得所安定，诸般的社会问题便自然解决。从清末维新以至今日，全部法治的主张，全部教育的努力，自各有其一些社会思想的背景。检字方法、索引方法以及文字本身的改革方案，三四十年来，也多至不胜枚举，目的也无非是想经此途径推广教育，革新文化，而达成社会的改造。艺术一方面，比较荦荦大者我们至少可以提出蔡孑民先生的美育运动和王光祈先生的音乐救国论，在提倡的人一定认为如果广大的民众不懂得审美，如果音乐不普遍发达，中国的社会与文化便始终不会走上健全的路。

　　上文两节话的用意端在表示在社会思想的不算太大的领域里，

思想之流，即在最近百年以内，如何由派分而汇合，更由汇合而派分的一些迹象。这分合聚散的过程，事实上当然比我们在这里所说到的要复杂得多。从机械学派到文化学派中间一大串的大小派别，当然绝不会完全由孔、达两氏的一二番汇合的努力里很单纯地推演而出；它们自分别的还有别的来源，哲学的、科学的、宗教的、艺术的种种思潮，对于这些派别的构成，自也有它们的贡献，例如十八世纪物理科学的发达之于机械学派，哲学中唯物一元论之于经济学派，基督教传统之于宗教学派，都是极明显的。

五　社会思想与社会理想

社会思想，根据它的立场或观察的据点看，可以分做上文所叙的大小派别，如果根据用意或目的来看，它又可被划分为两种或三种。第一种是比较严格的社会思想。第二种应该叫做社会理想。第三种是社会玄想或社会冥想。普通谈论社会思想的人是不这样分的，但这分法实际上是相当的重要，百年来社会理论界的纠纷混乱，一半虽由于派别之多，一半也未始不由于这样一个分法的未经大家公认。为讨论的方便起见，我们不妨先列一个表：

	对象	目的	运用的心理方面	理论方法
社会思想	以往及目前的社会	了解，说明，解释	理智的体认与分析为多	因果的推寻，关系与关联的发现；归纳逻辑为多
社会理想	未来的社会	改造至于革命	意志，情绪，信仰为多	演绎逻辑为多，强作综合或至于武断
社会冥想	未来以至于莫须有的社会	憧憬，慰藉，逃遁	情绪的依恋，至于感伤主义；幻觉，白日梦，至于错觉	可根本不问方法，不用逻辑

表中四个栏目里，目的一栏自是最关重要，因目的不同，其他节目就势必不能一样。严格的社会思想既志在解释，则势不能没

有具体的物象，而此种物象正可取给于已往与当前的社会。反转来说，以往与当前的种种社会现象原是需要了解的，它们的来龙去脉以及相互的关系也需要弄一个清楚，正好比自然界的一切现象一样。社会现象也需要一番观察、整理、分类、量断，才可以让我们充分地了解，才成为一门或几门科学；在构成科学之前与之际，也必有其种种假设，种种理论上的探索，这就是社会思想了。社会思想提出的问题是，社会曾经是什么，现在是什么，以前的"曾经是"和目前的"是"中间，又有些什么渊源；对于将来可能是什么，社会思想家或许愿意鉴往知来地作一番推测，但这不是他的主要的任务；至于未来的社会应该是什么，如何而可以尽善尽美，他是搁过不问的，若问，他是暂时放弃了社会思想家的地位而采用了理想家的身份，才问的。

　　社会理想的用意是在改造社会，改造的工夫势不能用之于过去的社会，即用之于已经在某一种趋势中的当前的社会，也不免徒劳无功，于是就不能不以未来的社会做对象了。反转来说，未来的社会也确乎是需要我们措意的。人是有希冀的一种动物；他的生活的很大的一部分是寄托在过去的留恋与未来的指望之中。宗教家觉得最引人入胜而足以支持他的生命的东西，是前途的那个乐园或任何理想的世界。不过理想的社会大概不会自己来到的，它需要人力的招致，于是，第一步，我们必须建立一些鹄的，认定一些路线，制成一些计划。这鹄的、路线、计划一类的东西我们统称之曰理想，不是思想。第二步，我们对此理想，必须培植一番情绪，养成一番信念，务使此理想得因多人的拳拳服膺而长久维持；这也就是宣传组织的一步。第三步，不用说，是企图实现这理想的种种努力了。社会理想所运用的心理生活的方面，显然地与社会思想所运用的不同，它要的是更坚强的意志，更热烈的情绪，在求其实现的时候，又需要活泼的动作。理智的分析当然不会没有，因为它多少总须利用一些历史的经验和学术的结论，来支持它自己，来为自己张目，不过这些终究不是主要的心理成分。又因为理想是不轻改动的东西，它是一切的准绳，一切的大前提，这一部分理智的活动极容易走上自因推果或演绎的一路，以至于趋于武断抹杀，武断其与自己符合的部分，而抹杀其与自己冲突的部分。这并不是说社会思想家就不会武断抹杀，不，他也一样的有这种趋势，特别是在他暂时放弃思想家的身份的时候，不过一经踱出思想家的岗位，他就容易被人指摘，因而不能不多自检点；一向是理想家的人就不然了，人们对理想家的武断抹杀，取的也往往是一个容忍以至于拥护的态度，容忍的是一般不认真的人，拥护的是认真而同具此种理想的心理倾向的人。

　　思想、理想，以及第三种的冥想，是不能绝对划分的。理想家多少得利用一些思想，而思想家也随时可以踱出而成理想家。理想家的理想，如果完全不理会经验与现实，但凭一己的爱憎臆断，而形成一套或一些不大成套的看法，认为社会必须如此这般，他才踌躇满志，不枉此一生，他就进入了冥想的境界了。冥想虽无疑的牵涉到社会，一种如意算盘的社会，实际上可以说是没有社会的目的，它既不想解释社会，又不想改造社会；冥想家总觉得当前的社会太不像样子，他认识不来，也不求认识，社会也不认识他，他对此社会，也丝毫动摇不了，社会也休想影响到他，社会与他，可以说是绝了缘的。但他又并不甘心，因为人总是需要社会的；事实上的好社会不可得，至少想象上的好社会他是可以有的，因为人是富有想象能力的一种动物。于是，他在他的脑海或心田里就建立起这样一个社会来，并且在他看来是一个尽善尽美的社会。外国的象牙之塔与中国的空中楼阁一类的建筑物，就是这样来的。这绝不是三年建筑不成的道旁之室，而是信手拈来都成的妙谛。一部分宗教徒所憧憬的天国或极乐世界也就是这东西；我说一部分，因为其余应当归入理想家的范畴。冥想的惟一的社会意义，可能是给现实社会一个对照，一些讽刺，给那些太满意于现实的人一些刺激，太困顿于现实之中的人一些慰藉，好比诗歌文艺的慰藉一样，此外便没有

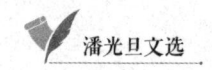

了。如果冥想中真有一些新的意境，足供未来推进社会的参考，足以激发此种推进的努力，那又就该归入理想的范围，而不完全是冥想了。冥想的意义终究是个人的，而不是社会的；始于心理上的慰安，终于生活上的逃遁，或始于单纯的幻觉以进入复杂的幻觉而成白日梦，而终于单纯的错觉以进于有组织的错觉而成疯狂，始终是个人的。一个人出家，我们喜欢用"遁入空门"一类的语气来形容他，是再恰当没有的。不过我们必须了解，从社会的立场看，那门虽是空的，从个人心理的立场看，它是绝对的不空，它是由冥想得来的一个极复杂的世界，一个光怪陆离的社会的代用品。

在本文的讨论里，我们除了指出冥想之多而且杂，可能成为目前社会理论界所以扰攘纷纭不可究诘的一种因缘之外，我们在这方面不准备再说更多的话。社会上总有一部分人，倾向于以幻觉为真知，以梦境为实境，至少认为它们可能成为真知实境；上自主持风教而握有权力的大老，下至不满意于现实而亟切于改革的青年，胸怀冥想之体，而意图收思想与理想之用的，正是大有人在。社会的情况愈紊乱，则此种分子势必愈多。他们该是空门中的人物，但目前既没有空门可作归宿，他们也绝没有作此归宿的企求，于是冥想终于造成了一种满天飞和到处沾惹与纠缠的势态。关于这种势态，我们是应该郑重地注意，而于虚实之间，作一番明白的审辨的。我们下文的讨论还是集中在思想与理想的两个范围，并且认为二者各有其重要的社会意义，界限虽须划清，轻重难分轩轾。

六　社会思想与哲学概念

上文叙述各学派的时候，我们始终称它们为社会思想，其实根据刚才的讨论，可知任何思想的派别一离开了解释的岗位，而自觉地想以解释所得，来影响未来的社会生活时，它就成为一个理想的派别；而事实上大部分的派别，在解释的工作自以为大体完成，羽毛大致丰满的时候，都有一种超现实与超空间的企求，第一步的表现是来一个历史哲学,来个所谓"史观",第二步就是过问到未来的社会了。

不过这并不是说除了上文所已叙述的派别而外,社会理想便没有别的派别,或别的派别的分法。这当然是有的。如果上面的分法是从科学与科学的级层产生出来,则另一个分法可能推溯到哲学方面,而以若干主要而相对的哲学概念做出发点。例如,唯心论对待唯物论,机械的宇宙观或原子的宇宙观对待有机的宇宙观,理性主义对待经验主义,神召对待人为,命定论对待自由意志论,全体对待部分,或社会主义对待个人主义,渐进的历史观对待革命的历史观,法治对待人治,竞争对待合作,平等对待差等,保守对待进取,道义对待功利,文质的对待,体用的对待,等等。有的概念当然不属于纯粹的哲学,而属于专派的哲学,例如历史哲学、生物哲学以至于社会哲学自身,但其为一些基本的哲学概念,有非科学所能盘诘的,则一。根据了这些来讲社会理想的派别,有的比较清楚,例如个人主义之于社会主义,大部分却不容易划分,甚至于不可能划分,因为概念上的掩叠太多,每一对对待的概念固然彼此不相混淆,但每两对概念之间却不是彼此互相摈斥,例如同一服膺社会主义,有人主张渐进,而有人主张急进。不过根据了这些概念而产生的理想上的特征与形成的派别之间的更进若干步的分化,终于演出了许许多多的支流,是一个重要的事实,值得我们注意的。

话到这里,好像又在说回去了。社会思想的汇与派,上文是叙述过的了。根据科学级层而来的社会理想的汇与派,因此也算有过一些交代。从哲学概念引伸出来的社会理想又怎样呢?受过哲学概念的影响的社会理想又怎样呢?上文约略提到过一些此种概念的"派",它们的"汇"又如何呢?这问题就大了,大到社会理论的圈子之外,严格地说,是不在本文范围以内的。不过既有牵连,我也不妨约略提到我私人的一些看法来。思想,哲学思想,在西洋的历史里,只有两个很短的时期中有过汇的尝试,一是希腊文艺全盛的时代,二是文艺复兴的时代;但两次都没有成功,尤其是第二次。

此外可以说全部是派别擅场的时期，至多，在表面上，因为甲派压倒了乙派，给读史者一个汇合的印象而已。试思上文所胪列的若干成对的概念，两两对峙，各走极端，有如神召之与人为，唯心之与唯物，社会之与个人……如何才得以汇合起来。绝对的二元论始终只是二元论，是一元不起来的；至多，它只能造成两种局势，一是分期的互为消长的局势，二是同床而各梦的局势，或换一个比喻，有如泾清渭浊，初则同一河床而清浊分明，终则分道扬镳而各行其是。西洋的神学家努力了二千年，始终没有能把善恶的原则统一于上帝；近代的科学家也忙碌了三四百年，想把唯心论分解成唯物论，想把精神的现象化验为物质的现象，也始终没有成功，始终只好把它搁在一边，或加以根本否认，或认为别具境界，不可思议；都是这一路上的例子。即使成功了，所得的结果也不过是一个兼并的局面，而不是一个汇合的局面。

总之，社会理论或社会学说，就其中比较严格的思想的一部分来看，在近代是先有过一番汇的努力，然后又分成许多的家数；就其中理想的一部分来看，因为牵涉到更大的哲学以至于形上学的领域，受到它们种种对峙而冲突的概念的影响，至少就近代而论，与截至目前为止，汇合的努力可以说等于没有，而对峙与冲突对于社会理想的分化的影响却是很显然。我们不容易把现有的社会理想，像社会思想一般，分成若干界限分明的派别，但上文已经说过，每一派的社会思想都有踱出而成为社会理想的企求，当其踱出的时候，便是这些对峙而冲突的概念取得用武之地的机会了。因此，同一思想的学派，当其引伸为理想时，势必进一步以至进若干步的化成若干支流，多少成为一分二，二分四……的格局。到此，我们看到，社会思想与理想的派别之分可能有三种的由来：一是依据科学级层的，流派之多，我们在上文已经大致看到；二是从一些哲学概念引伸出来的，这一类的学派不容易独立存在，但也还有；三是两者之和的结果，就是由于哲学概念影响到了依据级层的流派，从而产生的更零星的分化,这当然又是很多的。近代社会学说的繁复,社会理论的纷扰,学派之间的分工合作,固亦有之,彼此的排挤攻评究属是一个更普遍的现象,解决问题的努力,固亦有之,而所引起的新问题,所酿成的一般的动荡不安,可能是更多更大,推源溯本,这显然是因素的一个了。所以接着我们不能不把分派的利弊问题作为进一步的讨论的对象。

七 社会思想分派的利弊

社会思想的分派虽属人为,亦自有其趋势。造成这趋势的因素很多:生活环境是多方面的,并且随时可能发生变化,一也;人的智能情性是不一律的,对多方面环境的反应不会一样,二也;群居生活因此有分工合作的倾向与需要,三也;文化演变,学术随方面而累积,而一经累积,亦自有其趋势,四也;学术与思想是智识的两个层次,比较具体而固定者为学术,比较抽象而动荡者为思想,两者互为因果,彼此推挽,更不免增益此种自动分化的趋势,五也;思想分化既自有其趋势,我们对于学派的发展的一个基本态度,不应该是,因有利而欲其多,因有弊而欲其少,而是,网罗各学派的种种长处,而祛除其短处。

不过利弊的问题是存在的。在这里,我们又得把社会思想与社会理想分开了说。大抵思想分派的利弊参半,而理想分派则弊多于利,其何以有此分别,留待下文说明。思想分派之利在一个专字,唯其专,故精到、细密、彻底。社会生活的底蕴是多方面而极错综复杂的,一人之身,在短短的几十年的生命里,很难希望取得一个全盘通澈的了解,凡属有志于了解的人,势只能作一些局部的尝试,即,各就其兴趣与专门学术的准备所及,集中精力在此种底蕴的某一方面,作一番贯彻的分析与推论。一人如此,多人如此,一方面如此,各方面如此,则分工合作的结果,对于后学,对于对社会只能作些一般观察之人,可以供给一个差强人意的通盘的认识。

我说差强人意，一则此种认识势必还是零碎片段，去完整的境界极远，再则它究属是一个拼凑起来的东西，中间的褶缝针缕是再也磨灭不了的，分工愈细，碎块愈多，则褶缝和针缕愈繁密；它可能是一顶瓜皮帽子，是一件百衲袈裟，却不是天孙织的锦衣。不过这已经是够好的了，这表示大家真能分工，真能分层负责，真能恪守本分，也真能合作，真能彼此尊重，相互了解，才产生了这样一顶瓜皮帽子，或一件百衲袈裟。约言之，专精的结果可以不妨碍通体的认识，也正唯其不大妨碍，专精的努力才取得了应有的意义。说思想分派有利，这便是利之所在了。

思想分派之弊也就在一个专字，唯其擅专，故偏狭、武断、抹杀。凡属学派中人多少总有一个倾向，就是初则自立门户，继则以自己的门户为最高大，终则设法教人只走这个门户，认为唯有此门才四通八达，无远弗届，唯有此门才是真正的入德之门；总因为这门是我开的，大有此山是我开，此树是我栽的一种气概。症结无疑的是在一个我字；问题当前，需要解决，其意若曰，你们都不行，我来！及其既来，则又曰，有了我，你们都可以不必了。所以此种专擅与独断的心理倾向我们总称之曰"我执"。以前的宗教家、道学家、近代的科学家，尽管教人无我，但我执始终是一个最普遍的心理现象，在一般生活里如此，在学术思想界几乎是同样的活跃，有时候反而见得更牢不可破，因为当事人总觉得把握住唯一真理的是他，而不是别人。

一样的不免于我执，程度上的分别还是看得出来的。谨严的科学范围里要少一些，特别是各门的自然科学。这显然的有两个原因。自然科学家所研究的对象确乎是更适用客观或物观的应付方法，它们可以被假定为超然于人的心理生活与社会生活之外，固然绝对的超然也还是不可能，因为研究它们的终究是浸淫在此种生活之中的人。此是原因之一。科学上所称的解释，事实上等于运用分解方式的一种说明，就是把复杂些的现象分解开来，成为更单纯而基本的现象,普通叫做因素或成因;此种分解的工夫,最初只限于本门科学的范围以内,例如生物学家解释个体的构造,始则自全体分解成若干结构的系统,更自系统而器官,自器官而体素,终于分解到了最小单位的细胞;把细胞的构造弄清楚以后,如果要再进一步,就得闯入别的科学以至于级层的防地,至少也必须企求别门科学中人或级层中人出头帮忙,特别是物理、化学的级层,否则分解的工夫便须戛然而止,达不到生物学所能认为满意的一个究竟。此种逾越的行动是有益的,它代表着科学或级层间的应有的合作,而合作便是专擅与武断的反面。此是原因之二。

但一离开自然科学的级层而攀登心理与社会文化的级层时,我们就发现两三种比较不很寻常的我执。我说不很寻常,因为寻常的我执是到处有的,各自然科学的内部也一样的有,例如:生物学的领域里,环境派对遗传派;遗传学里,精质独立论对后天习得性遗传论;遗传方法论里,孟德尔派对戈尔登派;彼此争论的时候,都表示过很顽强的我执。这一种的我执我们搁过不谈。所谓不寻常的两三种,第一种可以叫做包揽垄断;第二种,说得好听些,是自求多福,说得不好听些,是刚愎自用;第三种我无以名之,姑名之曰滕薛争长。第一种最普通,大凡用了下级层的科学结论来解释上级层的现象时,最容易犯这毛病。如果级层分明,解释与被解释的级层又属彼此接壤,则根据上文解释即等于分解之论,原是理有固然,势所必至;不幸的是解释者一方面总喜欢把被解释者一把抓住,不容别人染指,别人的解释,在它看来,不是错误,便是多事。社会与文化的级层既在最上,下面的级层既属最多,就最容易变成一根骨头,受群犬的拖扯攘夺,实际上是被宰割得支离破碎,把社会与文化原有的完整的形态反而弄到看不出来。这在社会思想的研究里我们叫做"以偏概全",想以局部来包揽全部,结果总是一个捉襟见肘,不能自圆。其级层地位距离较远的更不免隔靴搔腿,不着痒处;例如把人解释做一座机器,不错,人多少是一座机器,但人之所以为人，人之所以别于它种机器者何在，我们并没有因此种解释，而取得进一步的了解，即解释了等于没有解释。此种来自距离较远的级层的解释，一面想包揽，一面又包揽不住，又往往容易陷进所谓比论的泥淖，即，任意用些比喻来替代解释，例如有机论者硬把社会当有机体来解释，竟有人认为社会组织自亦有其阴阳两性，国家是阳性，教会是阴性，信如此说，则中国社会的保守陈腐不倒有了一个解释，不是单性生殖，便是独阳不长么？机械学派把社会解释做一座机器，也全用这比论的方法，也一样的无裨于解释的实际。

第二种的我执是自求多福或刚愎自用。它显然是别人包揽得太多的一个反响。好比打麻雀牌的人，老不和牌，于是故意地不吃不碰，硬要打一副"不求人"，"和"给别人看看。对于这一类从事于思想与解释的人，我总有一个感觉，就是其志可嘉，不过若不求人而还是不和牌，或虽和而只是小牌，我又觉得其情可悯了。宇宙万象原是相通的，事物的演出，当其初虽有先后之分，科学为研究方便起见，虽亦不能不作级层门类之别，但现象之间，绝不因人为的强分畛域而末减其息息相关的程度，然则对某一部分现象不作解释则已，否则势须旁搜远绍，觅取一切可能作解释之用的其他现象，属于同一部分的可，属于其他部分的亦自轻易不容舍弃；别的部分出头帮解释的忙，包揽固属不可，亦绝不会成功，但如在相当分际以内，此种帮忙绝不能看作好事，更不能看作越俎代谋，又何劳一定要拒之于千里之外呢？一面摈斥别人，一面硁硁自守，自以为智慧具足，办法尽够，岂不也是一种我执？这种我执，上文已经提过，在自然科学的级层里是找不到的，不过到了上层，在心理学派里则有所谓假行为论（pseudo-behaviorism）的一支，一面对其他级层则拒绝心理遗传与本能固有之论，对同一级层则否认内省观察之法，结果只是看到了一些行为的皮相，于行为的成因，既多所未解，于行为的意义价值，更所未喻；这就是我在上文所说的其情可悯了。社会学派与文化学派，上文说过，也可以叫做唯社会论与唯文化论，不唯则已，唯则在解释的工夫中，其他更较基本的科学门类便很少置喙的余地，其中的支派愈是道地，则此种余地便愈是绝无仅有。即大师如法国的涂开姆（Durkheim），他的亲炙的门徒如蒲格雷（Bougle）也终于不免批评他，认为他对于生物的因素实在是过于不加理会了。

第三种的我执我们叫做滕薛争长。这也可以说是第二种我执的很自然的一个引伸，而也是发生在心理与社会两个级层之间。一个三四岁光景的小孩子，在自我的意识发展到相当程度以后，便不欢迎别人管它或替它做事，总说"小弟弟（或小妹妹）自家来"；再后，羽毛更加丰满，就要管起别人来了。心理学派总以为心理的现象演出在前，是先进，社会现象演出较迟，是后起，并且两者之间有前因后果的关系，换言之，在科学级层里它是更属基本，若没有它，也就没有社会现象了。社会学派却反过来说，心理根本是一个社会现象，若没有群居生活，没有人与人间的交相感应，我们所了解的心理作用，特别是最关重要的思考那一部分是不会产生的；所以如果心理现象也要占一个级层的话，它应该追随在社会级层之后，才不致本末倒置，反果为因。这一番鸡生蛋蛋生鸡的争辩闹了许多年，到如今还没有结果，怕是永远不会有结果的。不过虽无结果，双方还是要争，则其所争者无非是一种资格所给与的面子，好比中国人争辈分，作客或其他场面上争坐首席，又因为先后之外又有因果的关系，所以又好像中国人最不雅的骂人方法，暗示着骂者是被骂者的祖父、父亲，最起码也是一个姐夫，表示自己即使做不到对方的生命的赋与者，至少总要叨长一些！此种心理未始不是我执的一种，自不待言。这虽说是人类的一大弱点，而推本寻源，创造级层之说的孔德也不能不负一二分责任，谁教他眼光不够远大，当初没有把昭穆的次序确切地规定下来，弄得后代子孙非争嫡争长不可？

好像老子说过这样的一句话，小智自私，贱彼贵我；一切社会思想的学派，无论所犯的是哪一种或哪几种我执，都给老子一语道着了。换今日的口语来说，一切学派都是不够科学的，一切都不够客观；一些学派中人也都是不够民主的，谁都想专制，谁都想独裁。学术与思想犹且如此，又遑论政治呢[①]。

八　社会理想分派的利弊

上文说社会思想分派的利弊参半，我们看了我执的一番讨论以后，可知这还是客气的说法，因为所谓利，多少是假定的，即假定学派之间真能分工合作，而我执之弊、各是其是各非其非的风气、门户之际的喧嚣攘夺，却是实在的。假定的利当然抵销不过实在的弊，所以事实上还是弊多于利，不过比起社会理想的弊多于利来，这还是小巫之见大巫。老子的话，和我们添上的既不科学又不民主的评语，对社会理想分派的结果实际上是尤其适用，也应该是尤其适用，为的是如下的若干原因。社会理想的目的既在改革社会，而且往往求之甚亟，则从事的人势必不免心切于求而目眩于视，推重力行而忽略认识，而所谓力行也者，或因从事者实力有所未逮，因环境确有重大窒碍，同时又正因为理想本身原就偏颇，去通达的程度甚远，以至于推行的结果无非是一阵动乱，一阵骚扰，得不到丝毫真实的进展，于是不得不退而求其次，就是以言词作为行动，以宣传算做工作，以多言权充力行了。宣传这样东西，如果用得太多，似乎只有一个效果，就是，一面各是其是，一面又勉强别人，于不断地接受提示与暗示之后，亦从而是其是，其为一种我执，足以垄断或淆乱视听，足以为精神与思想生活上的一种紧箍咒，是不言而喻的。理想分派之弊尤在思想分派之上，此其一。

一种理想的服膺与推行，其心理上的先决条件是坚强的意志与热烈的情绪，理智的质疑分析自居次要的地位，以至于没有多少

[①] 参看《自由之路》中《一种精神两般适用》一文。

地位。这种心理上的准备，事实上和接受一种宗教的心理上的准备是完全一样的。近代有若干派别的社会理想反对宗教反对神道的信仰，从社会学的立场看，这种反对是没有多大意义的，因为关键所在，绝不在一套理想的有没有神道做牌号，而在理想所唤起的一番心理的底蕴。这底蕴才是真正重要的，因为它的活动好歹总要影响到社会生活。好比煎中国草药，药终究是主体，至于水，尽管医师故弄玄虚，非井水、河水或天落水不可，究属不关宏旨。"换汤不换药"一句话就是这样来的，而前代的宗教与近代社会理想之间，就其心理底蕴而言，也确乎有此种"汤换渣留"的现象；近代意大利社会思想家柏瑞图（Pareto）把这一类的底蕴就叫做"渣"（residues），可见是不为无因的了；他用到这渣字，倒也并不含有什么恶意，不过暗示着，水可以倒掉，渣则不容易倒掉，而事实则此种心理上的基层的功能是根本取消不了的。这一番话也就顺便替近代西方宗教的一蹶而不能复振，找到了一部分的解释。信仰的倾向原是人类行为的底蕴的一部分，是经常存在的，是经常有表见为行为的企求的，内在的一方面既有此企求，而外缘的一方面又有种种足以满足此企求的社会理想，里应外合，于是社会理想愈发展，各式改革社会的主义愈扬溢，宗教的信仰便愈趋落寞。理想的兴起可能是宗教衰微的果，而也可能是因，实际上怕是互为因果的，无论如何，信仰的心理始终有它的着落，有它的寄托，总是一大事实。我们这一番话，一般的人是不承认的，他们认为理想的信仰与宗教的信仰根本是两回事，前者是科学的，不迷信的，而后者则否，所以也有人认为，即使是一件事，也足征文明是进步了！对于这样的人，我们的话是很难说明白的，不过我们应该指给他们看，在理想家的心目中，一套理想的神圣不可侵犯，有百是而无一非，只应拥护，不许批评，往往要远在乡下佬心目中的菩萨之上，为的是理想家的我执要比乡下老的为坚强，乡下老信菩萨，目的只在一人一家的平安，他的却在改造社会，而他自己是一个有使命的人。

我们的话也许要扯得太远了①。要紧的是，我们要指出来，社会思想的学派和社会理想的学派，在精神上是很不相同的，而其区别怕不止是程度的，而是品类的；一到理想的领域里，我们所接触的事

---

① 我在一九三四年八月二十五日的《华年》周刊上曾发表过一篇评论，《迷信者不迷》，可供参阅，辑录于下："近来天气亢旱，各地方祷神求雨一类的行为，几乎日有所闻。行政院长汪精卫氏为此曾电嘱苏、浙、沪省市当局：当农民求雨的时候，虽不便过分干涉，然于事前事后，应注意到常识的启发，务使大家能破除迷信而积极地增加人事上的努力。在行政者的立场，而能有这种自由的见地，我们以为是很不可多得的。'不便过于干涉'的一语尤其是见得宽大，和近年来但知一味高呼'打破偶像''废除迷信'的人的气味大有不同。我们何以在这些地方宜乎要比较宽大呢？理由是极简单的。就是，农民的迷信往往不尽是迷信。何以知其不尽是迷信呢？我们又可以从求雨方面看出来。第一，此种信仰并不是完全消极的。大家为了求雨，进城一次，游行一周，在城隍或其他庙宇里有一些团体的活动，结果，不但心理上暂时可以得一些安慰，工作上也可以引起一些兴奋。我们不信他们在求雨的祈祷仪式完了以后，便各自回家高卧，专等甘霖的来到。他们一定还在防旱的工作上不断地努力；他们是轻易不容易失望的，有一分可以努力处，这一分他们绝不放松。要是求雨的举动的确可以在这干枯乏味的当儿，给他们一些慰安与兴奋，我们又何苦定要干涉他们？第二，农民相信偶像和偶像所代表的神佛，不错，但此种信仰并不是无限制的，并不是绝对无条件的。有求必应的神佛固然受农民的顶礼膜拜，千求不一应的神佛也许会引起大众的公愤，因而受到相当的处罚，以至于撤换。有的地方，因为求雨不灵，大众便把神佛从庙里抬出来，请他吃一顿鞭子，鞭后还要游街示众。有的地方大众用放火烧庙来威胁他。例如缙云县的城隍神，在以前便几次三番地受过这种威胁。这一次缙云县县长的祷雨文里，便说：'尊神生前曾卡斯邦矣；故老相传，天苦旱虐，吾民尊神，与神约，七日不雨，则火庙，神感，尊神诚如期降雨，救此一方，至今数千百年，人民以为美谈。'这还算是客气的，并不含多大威胁的意味，但味其语气，已经和韩文公的《祭鳄鱼文》的末尾几句没有多大分别了。由此可知此种的神道观是始终以人的福利做出发点的，假若一个神道不能给人福利，那就得退避贤路，甚至于要在人的手里受了责罚才走得脱。我们可以说这是人自己寻自己的开心，是一种很傻很幽默的行径，不错，生活的一大部分就是这种寻自己的开心的幽默行为所构成的。我们自己对付一种理想，其实也就用同一的自己解嘲的方法，时而把它捧上天，时而把它摔下地，时而修正，时而放弃，时而认为它是唯一的救世的南针，时而把它比做海市蜃楼、梦幻泡影。理想之于有智识的人，就等于偶像之于无智识的人。理想也就是一种偶像。偶像打不破，打破了就没有生命，对偶像却也不宜太认真，太认真了，生命的痛苦也就从此开始。一个能在这两个极端之间游刃有余的个人或民族便是一个健全的个人或民族。我们对于中国的大众，始终没有觉得失望，这就是一个很大的理由。你还要说他们迷信么？我们不。"

实上不是若干学派，而是若干宗门；宗门之间的人主出奴，是丹非素，以自己为正统真传，视别人为旁门外道，其所发动的肝火，其所引起的争执，势必比学派之间的要添上若干倍数。理想分派之弊要在思想分派之上，此其二。

理想往往有和政治取得联系的趋势，中国如此，西洋也如此。前代如此，当代也未尝不如此，并且更见得显然。西洋史里对此种联系的状态有过"政教合一"的说法，其实这是不确的，联系并不等于合一。合一是打成一片，而政教的打成一片是近代一个显明的史实，严格地说，是第一次世界大战前后才发生的，并且目前还正在方兴未艾的过程中。这指的是成套的改良主义或革命主义和实际政治的因缘固结。人们不满意于现实政治而产生一些政治理想，当然是极古老的事实，根据了一些理想来从事于政治的活动，来促成政治的局部改善，以至于全部的鼎革，也不自当代始，英、美、法的有血无血革命都是先例。不过这些所用的理想只是屈指可数的几个原则，和从原则中提取而来的几个更单纯的口号，有如自由、平等、博爱、幸福的追求之类，而学者解释这些原则，可以言人人殊，不求其衷于一是；换言之，它们不构成一个套数，并没有经过特殊的规定与颁布，不具备教条的形式与精神。只是一些理想影响了实际政治，或实际政治采用了一些理想，或多少有些理想做指归：问题是比较简单的。改革或革命主义和实际政治打成一片以后的情形便与此不同。主义是成套数的，是多少先经过一番规定的，是有一定的解释而发生疑义需要重新解释时又须诉诸一定的权威的，是具备了近乎教条的形式与精神，只许信仰而不容怀疑评论的。第一次大战以来，马列主义之于苏联，第二次世界大战结束以前，泛系主义之于意大利，纳粹主义之于德意志，二十年来三民主义之于中国，都有这种情形。主义有好坏的不同，执行主义的人有为公为私的区别，所收的实际效用因此也大相径庭，不可同日而语，是不错的；但这是另一个问题，是主义信仰者的问题，是实际政治家的问题，我们从社会学与心理学的立场来分析评议,是有把它们相提并论的权利的。

在这些改造主义与实际政治打成一片的实例里,我们不妨提出一个来,作一个比较详细的分析,以示一两个思想学派,或至少以思想姿态出现的派别,如何引伸为改革的理想,更如何在野心家手里构成一种主义,作为政争的良好工具,而终于和实际政治取得了表里体用不可分离的关系。这例子是纳粹主义。分析起纳粹主义的思想因素来,我们很容易联想到生物学派,特别是此派中的三个支派,一是社会有机体论,二是战争论,三是种族武断论,上文都叙到过。这三个支派,在德国原是发展得最早而最热闹的,而且从俾斯麦的时代开始,爱国的学者与野心的政客多少已经把它们适用到社会、文化、民族,以至于政治生活,作为改革与扩张的张本,就是以思想之所得,派作理想的用途。这番适用也收了不少的效果,一八七〇年德国的统一与统一以后的百废俱兴,使其蔚为列强之一,不能说和此种理想没有因果的关系。最显然的是从战争论引伸出来的军国主义。其次,集体与极权主义的明显的倾向是从有机论出发的;政府和领袖是神经中枢,民众是细胞,必须打成一片,完全受命于中枢,便是一个十足的有机论的看法。犹太人在欧洲是普遍的受压迫的,而以在德国为甚;在德国是一向受压迫的,而尤以十九世纪末叶以至最近为甚;这又很清楚地得力于种族武断主义的"学理"上的启发。[①]希特勒对于这些的发展,在思想与理论方面,并没有什么贡献,他的贡献是一颗夸大而狂妄的野心、一个肆无忌惮不惜毁灭人性的畸形人格、一番狂热的组织与推动的魄力,把这些原是零星孤立的理想,混合在一起,揉做一团,成一个整套的信仰,又把战败后散漫而颓丧的人民心理,在这整套的信仰之上,重新收拾、团结与振奋起来;结果是谁都身受一些而知道的——奴役、战争与死亡,开始在德国,而终于拖下了整个的世界。理想分派的殃

[①] 参看拙著《人文生物学论丛》第一辑中《近代种族主义史略》一文。

祸竟可以到这样一个终极，拿前代的宗教所引起的同类的社会病态来比，更显然地有大小巫之分。侈谈与醉心于文明进步的人应该就这一类的大事实，且多多地沉思一番，然后再下结论。就目下的形势来说，苏联的集体主义和英美的个人主义也许正酝酿着一次更新奇广大的奴役、战争与死亡来，亦未可知。理想分派之弊，特别是经过宗教化与政治化之后，要远在思想分派之上，这是解释之三了。

九　治标的祛弊论

文明的人类如果想继续下去，且不论文明的进一步的发扬光大，目前这局面是需要收拾的，而收拾的方向之一，就是如何可以充分使社会收取思想与理想之利，而尽量地祛除其弊。有两条途径是可以走得的。第一条是治标的，我在上文已经说到一些。第二条是治本的。而无论治标治本，关键均在一个汇字，治标的路是莫忘旧汇，治本的路是寻求新汇。上文说过，社会思想尽管分派不厌其多，只要一面分，一面不忘合作，一面发展自己，一面尊重别人的立场，顾全别人的努力，采纳别人的结论，则无缝的天衣虽不可得，一顶瓜皮小帽似的整体总可以保全。这就等于说，孔德、达尔文一类前辈的一番汇的努力，科学级层论与自然演化论，还是值得我们不断地参考；事物现象是有本末先后因果的，在社会与文化的境界呈现以后，事物现象又往往互为本末先后因果，而没有一件事物始终占先，始终处本的地位，始终是其他事物的造因或其他事物的初元首创。希特勒喜欢做元首，德国人也许喜欢捧他做元首，在专制极权的政治场合里容有短期的可能，在学术与思想的场合里却为事理所不许。明乎此，则我执的心理虽无法完全消除，已不难大量末减，而分工合作之效，便是不问收获的收获了。即就思想家的情绪一方面讲，这条不忘旧汇的路也正复有它的补益，派由一汇，等于流出同源，萁豆既属同根，相煎无庸太急，思想家各能如此宅心，则门户畛域之见，争嫡争长之风，也就可以大杀了。

刚才关于思想派别的话，对于理想的派别也未尝不适用，不过是更较困难罢了，困难的原因上文已经从详说过。不过还有一重为思想派别所没有的困难，就是有的理想派别不导源于孔、达两氏的综合学说，而导源于若干始终矛盾的哲学概念。在哲学界未能解除此种矛盾之先，我从一个纯粹的社会学的立场，曾经提出过一个看法来，也多少可以作为治标之用，就是我在别处已经再三提出过的两纲六目的看法，为本文的完整设想，不能不再简略地说一说。人以下的动物里，大多数的物种有个体而没有群体，或虽有而分工合作之迹不显；蜂蚁之伦则有分工合作的灿然可观的群体，而个体等于抹杀；在这些动物里，个体与群体，无论倚重在哪一方面，全都由于本能，而不邀情理的自觉的认可。到了人类，个体与群体同样的存在，同样地邀自觉的认可，而几千年的生活经验，更证明两者是同样的需要，很难贱彼贵此。一个健全的社会，一种革新社会的尝试，在理论上应当承认个群两体的不分轩轾的存在。这就是两纲的说法了。个体，或每一个人的性格，并不单纯，它至少有三个方面，一是同于别人的通性，二是异于别人的个性，三是非男即女的性别。群体，或社会生活，也至少有三个方面，一是秩序的维持，二是文化的进展，三是族类的绵延。这就是六目了，一纲各三目。任何三目之间，和两纲之间一样，也似乎很难作轻重高下、后先缓急之分。而个人的三目和社会的三目又自有其联络与互为因果的关系，秩序基于通性之同，进步基于个性之异，而绵延则系于两性的分工合作；反之，如果秩序有亏缺，文化缺乏进步的需求，或族类对于绵延的欲望不够强大，则通性、个性与性别的发展也就分别地受到限制以至于抹杀。这就是我所提出的看法的全部了。

有此看法，我们对于以往的民族社会或民族文化，何以有的变化虽多，而昙花一现，有如希腊，有的寿命延长，而进步极少，有如中国，诸如此类的不同的经验，便可以求诸于各民族中若干通行的理想或一般的见地，而得到一个更清楚的了解。反过来，我们也可以根据了这看法，而推论当代各个民族社会的前途，例如，美国过分注意个人的自由，苏联过于着重集体的管制，前途可能各有各的吃亏，并且有的已经开始在吃亏。泛系、纳粹的国家，只知国家的集体，抹杀个人的自由，亏是已经吃定了的，表面上好像此种亏是外力教他们吃的，有些强制，有些早熟，但终究是理想的偏颇与不健全所招致的，终究是自作之孽。我们也可以用这看法来估量目前流行的各种学说、主张和运动。例如理工教育、职业教育、专才教育一类的主张，在两纲的六目之内，只顾到了个性与文化进展的两目，显而易见的是偏枯，若谓目的只在矫枉一时，固犹可说，若认为是一种经常的主张，就错了。又如百余年来的妇女运动，就女子个人人格的发展而言，虽若一面把以往抹杀女子的通性与个性的错误给纠正了，一面却又把女子的性别搁过一边，视同乌有，又何尝不是一个很重大的缺陷？近代婚姻之道之所以失，夫妇之道之所以苦，此种运动何能不负一部分的责任？总之，一般志在革新的人，无论是听取别人的主张，或自己有主张提出，如果都能接受这一类的看法，则前者可以知所取舍，或接受而知所保留补缀，而后者可不致过于轻率，过于偏狭，至少在尝试之前，可以有一番比较圆通的考虑。约言之，这一类的看法同时可以减少妄作主张的人与随声附和的人，这对于社会生活应当有一些澄清与宁息的功效。近年以来，一半因情势的要求，一半也由于见解之所及，一部分人的主张与行为里，也已经表示这一类兼筹并顾的看法，例如，就个人主义的自由经济与集体主义的计划经济（牵涉到上文的两纲）的一层而论，美国的罗斯福、华莱士，英国的拉斯基、孟汉姆都是这一路的人物，而在中国的政论家中间，这种人也渐露头角。

十　论新汇的可能

不过求乎其上，仅得其中，我们自勉的目的还应该是一件无缝的天衣。我们要求一个新的综合，新的汇。只有在一个新的汇的浸润之下，一切理想思想，科学艺术，才有发皆中节的希望，初不仅社会一部分的理论学说为然。我们在篇首已经提到过，在前途短期内，一个新的汇合虽未必可能，但端倪已经有了一些。我们现在就要寻这些端倪说话，如果局势真有一些贞下起元、穷极思变的要求，而同时人的自觉的努力还有几分中用，而不完全受环境历史支配的话，则由头绪而线索，由线索而脉络，由脉络而纲领，而终于能把纲领提挈起来，我们的追求就不至于完全徒劳了。

所说端倪也并不单纯，好比一根线，这其间我认为至少有五个头绪，一个是很古老的，两个是近代的，又两个是当代的。每一个头绪也不单纯，名为头绪，事实上代表着不少的人多方面的经验，和若干年的经验的累积，多少当然因迟早而有不同，约言之，每一个头绪本身就已经有些综合的意味，而在比较最古老的那一个，当初并且已经发生过一度汇的作用。我们顺了时代把它们约略地叙一下。第一个是中西文化传统中的人文思想。中国在先秦，西洋在希腊，这部分的思想已经有长足的发展。大意可以分做两层。第一层是，一切从人出发，向人归宿。第二层是，遇有二事以上发生冲突时，一切折中于人，即由人来斟酌损益，讲求应有的分寸，使不致畸轻畸重，因为，过犹不及，都是病源。所谓中庸之道表面上好像指的只是第二层，其实是两层都赅括的，中西人文思想都有近乎三才的说法，三才天地人，人居天地之间，不以天地为出发点与归宿点，而以人，也未尝不是一个中庸的看法。至于中庸也包括第二层是无须多说的。不过有一点，就是所谓折中并不等于折半，中之所在是活动的，所以必须斟酌，所以才有分寸的话。人文思想在中国是始终保全了的，但二千年来，不进则退，大体变成暗晦，而部分被人误解，也是一个事实，在西洋则可以说全部被人遗忘了，文艺复兴时代一番提醒的努力并没有成功，到最近三四十年才又有人郑重地再行提出。这是头绪之一，是五个之中最基本的。

上文叙述到生物学派的各支派。几乎是全部导源于演化论的若干概念时，我们就发现一个唯一没有构成支派的概念，就是调适或位育。我们当时也提出了一个所以没有的理由，说它在各个概念之中最富有综合与汇的意味，因为既求位育与调适，就不能不注意一事一物一人所处的场合情境，不能不讲求部分与全部的关系，于原委之外，更不能不推寻归宿，于事实之外，更不能不研求意义价值。这就牵扯得多了，牵扯一多，就不容易自立门户；而归宿、意义、价值之类又有些玄虚，涉及哲学范围，所以从事于科学的社会研究的人名义上有些不屑为，实际上亦不能为，于是这一个大好的概念就被束诸高阁，落寞了七八十年，其间虽也未尝没有人引作思想的总参考点，例如美国的勃里士笃（Bristol），但不太成功，因而始终没有构成什么学派。不过人弃我取，而人家所以舍弃它的原因恰好就是我们所以选取它的原因。这就是头绪之二了。这个头绪与上面头绪之一有些关联，我们也应当在此指出。说这头绪是近代的，乃是因为它的发展之功，属于近代演化论者为多，其实位育一概念的由来很远，其在中国，并且一向是人文思想的一部分，所谓"中和位育"者是，唯有经由中和的过程，才能到达位育的归宿。至于位育一词何以能与调适一词互训，则我以前在别处曾屡作说明，不再辞费。

  第三个头绪发展在十九世纪末叶与二十世纪前叶，大部分是美国学者的贡献，就是比亚士（Peirce）、詹姆斯（Wm.James）的实验论和杜威（Dewey）的工具论。这一路哲学里的两层基本思想和我们的追求都有极密切的关系。第一层辨一个真字，认为凡属行得通而发生效用的便是真实，所谓发生效用，当然是对人发生了。第二层更进一步地认为一切环境事物、文教意识，全是工具，谁的工具，当然是人的工具了。这在西洋好像是很新鲜的，其实也还是导源于人文思想，至少在中国的人文思想里，这两层的根苗是再清楚没有的。人文思想的经籍里没有真字，差近真字的意义的字有情伪之情，诚中形外之诚，都是从人出发的字，和道家升真之真，近代科学之真，大异其趋。《易经》的时代说到"圣人以神道设教"，孟子的时代说到"变置社稷",荀子的时代说到雩祭、卜筮、鼓日月蚀,皆所"以文之",《礼记》的时代说到"鬼神以为徒,故事有守",一贯地表示工具论的无远弗届;神道由人设,社稷由人变置,俗信(我对民间信仰,向不用迷信字样,因迷者究属例外,其数字当远较近代迷信理想之人为小)供人点缀,鬼神作人门丁,然则天下虽大,事物虽多,还有那一样不应作人的工具看呢?事物既全是工具,包括思想、理想、信仰、主义在内,而非目的,便不会取得绝对的地位,便不走极端,也便不至于喧宾夺主,转而把创设它们的人作为倾轧排挤、颐指气使、生杀予夺的对象,而这对于我们的汇的努力,是大有裨益的。

我们讲的是社会思想与理想的派与汇,如今在社会学自身的范围里我们倒也找到正在发展中而可以帮我们的忙的一个学派。我们在上文列叙思想学派时并没有叙到它,只暗示到了一两句,为的是它最后起,还在发展之中,也为的是它已有几分汇的意趣,和其他派别的精神不同,最好保留到这个段落再论。这就是所谓功能学派,可以说完全是二十世纪初年的产物,而创立之功最大的学者,马林诺斯基(Malinowski),不久以前才去世。功能学派的学者喜欢研究社会制度。从他们对于社会制度的界说里我们便不难看出功能两个字的意义来。马林诺斯基说:社会制度"是人类活动的有组织的体系。任何社会制度都针对一种基本需要;在一合作的事务上,和永久团集着的一群人中,有它特具的一套规律及技术;任何社会制度也是建筑在一套物质的基础上,包括环境的一部分及种种文化的设备"。基本需要的满足,要针对了行事才能满足,便已充分表示功能的意思。要完成这功能,自不能不运用多方面的能力、资料、技术,即每一个生活的角落都得搜罗到家,集中一起,充分利用,才有达成的把握,把角落译成现象演程或科学级层来说,界说中的"环境"与"物质基础"属于最下的几个级层,包括化学、物理、气象、地理等,"基本需要"是生物生理的,"群""永久团集""合作"是心理的与社会的，而"永久团集"一点也牵连到地理，至于"规律""技术""设备"自属于文化的级层了。自孔德创为级层之说以来，子孙繁衍，流派绵长，而其真能饮水不忘源、数典不忘祖的，似乎只有这一个支派，其余都自立门户，各奔前程，独营生理，争名夺利去了。功能学派大有汇的意趣，这是说法之一。功能学派又未尝不得力于达尔文的演化论，特别是此论中的位育或调适的一个概念。不讲功能则已，否则不能不注意场合、情境、格局，不能不检讨部分与全部的关联，不能不留心目的与归宿，不能不研考意义与价值，约言之，不能不讲求时间空间的全般调适，通体位育。而上文讨论到位育论的时候，所提到的也无非是这些东西，根本上没有分别。此派之所以有汇的意味，而值得我们采择，这是说法之二了。上文说到演化论里的"位育或调适"是当初没有演成学派的唯一的概念，也说到后来是有的，这就是一个交代了。至于这学派是不是自觉到这渊源，承认到这渊源，我没有加以深究，不得而知，但这是不关紧要的，要紧的是这渊源的分明的存在。追求新汇的努力中所应借重的第四个头绪便是这个。

最后一个头绪可以叫做人的科学，说已详上面《说童子操刀》一文，这里无庸多赘。不过人的科学和本文的关系是应当说明的。三百年科学的作风是一贯的分析的、流衍的、支蔓的，结果是愈分愈细，愈流愈远，已经到一个野草不可图的局面。这对于人以外的现象事物，问题还比较简单，因为它表面上好像并不妨碍我们对于物理的了解，并且正因其擘肌分理，表面上好像了解得特别清楚仔细，我说表面上，因为实际上所贵乎了解者，贵其全而不贵其偏，至少迟早能偏全并举，如果始终只是一番管窥蠡测，则豹之所以为大为美，海之所以为广为深，我们还是无从了解。不过事物了解的偏全问题还属单纯，复杂的在事物的控制。了解不能全，则控制也不能全，而偏特的控制或畸形的控制终必归宿于无法控制而后已。大凡人对事物的控制，由于人力者半，由于事物自身的环境或其他事物的连锁与牵制者亦半，所云人力，当然也可以看作全部连锁与牵制机构的一部分，但至多不过是一部分而已；如今把某件事物提取出来，使脱离其原有的连锁与牵制的情境，而思但凭人力加以单独的控制，则势必畸形于先，而技穷于后。生物界有所谓自然的平衡（balance of nature）也者，亦称生命的网络（web of life），就是一个自然区域内各种生物之间相生相克的现象的总和。我们如果但凭一知半解，把甲网络里的一两种生物介绍到乙网络里去，使发生我们所期望的生克作用，最好的结果大约是一波虽平，一波继起，而继起的问题往往是更棘手，而终于教我们束手。农学界里此类曲突徙薪、焦头烂额之事已经是数见不鲜。

上文说的只是近代科学对于物的了解与物的控制。说到人，就更可怜了。无生之物，分割了还可以了解，有生之物就已经大有困难了；到了人，更似乎是分割之后再也拼凑不成一个整体，即部分的了解尽管细到，合并起来，绝对不等于全部的了解，甚至于可以说，人的了解必须是囫囵的，不囫囵不足以为了解。到现在为止，所有关于人的科学，包括所谓人类学在内，全都是支离破碎的，算不得了解。既不了解，控制自更无从说起。三百年努力的结果，好像是已经把宇宙万象，了解得很清楚，把声、光、电、化以至于原子的力量，控制得很得心应手，独独有一种物象没有能力了解到，控制到，那就是人自己。用卡瑞尔（Alexis Carrel）的说法，人到现在还是一个未知数。用我们一句老话来说，人对于自己的生活，还是不出"盲人瞎马、夜半深池"所描写的光景。以未知数来推寻表面上的已知数，用夜半深池边瞎马上的盲人来驾驭这世界，原是不能想象的，而居然不断地在那里推寻驾驭，则结果之鲁莽灭裂，自可想而知，事实上也用不着想，因为展开在眼前的就是。

真正的所谓人的科学也滥觞于詹姆斯一路的哲学家，可是茌苒了三四十年，一直要经历了两次的世界大战以后，科学家才注意到这个问题。第一次大战后所出现的所谓完形心理学是多少搔着了一些痒处的。第二次世界大战发生以后,这方面的论议就逐渐地增多起来,到最近一两年,比较郑重的作品也将次问世。这门科学的方法论虽尚待发展,细节目的研求更有待于方法比较完成之后,但有两点已经邀到公认,一是属于看法或信念的,即,如果我们不了解人自己,就休想了解社会,了解世界。如果我们不能控制人自己,就根本不能控制社会,控制世界。第二点已经牵涉到方法,就是研究必须有囫囵的对象,囫囵的人,以至于人所处的在某一个时空段落里的囫囵的情境。也许用不着再加指出,这种人的科学的新发展和本文全部的见地是完全属于同一趋势的,就是由派分而求汇合,唯有从汇合中求得的知是真知,更从而发生的力是实力。

前途的演变是不容易预测的,不过,履霜冰至,这五个头绪,彼此之间既很有一些渊源,或一些殊途同归的缘分,迟早是会融会在一起,而成为一个簇新的汇合的。这新的汇总得有一个名字,我们姑且名之曰,新人文思想。根据上面的讨论,我们又不妨提出如下的一个梭子形的系图来,作为结束:

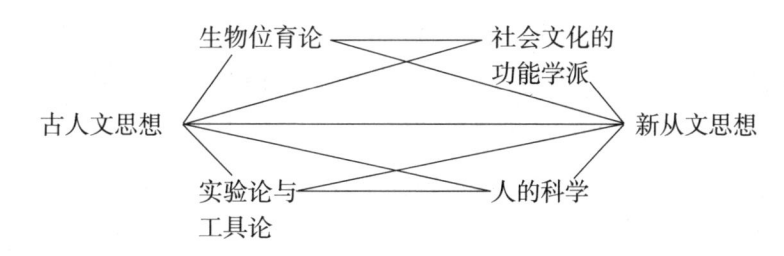

```
         生物位育论————社会文化的
                  ╲╱    功能学派
                  ╱╲
 古人文思想 ══════════════ 新从文思想
                  ╲╱
         实验论与————人的科学
         工具论
```

国难与教育的忏悔

近代所谓新教育有许多对不起青年与国家的地方。自国难一天比一天的严重，而此种对不起之处才一天比一天地无可掩饰，至最近且到一完全暴露的地步。这种对不起的地方可以用一句话总括起来说：教育没有能使受教的人做一个"人"，做一个"士"。

近代中国的教育没有能跳出三个范围：一是公民、平民或义务教育，二是职业或技能教育，三是专家或人才教育。这三种教育和做人之道都离得很远。第一种目的在普及，而所普及的不过是识几个字，教大众会看简单的宣传文字；说得最好听，也无非教人取得相当的所谓"社会化"，至于在"社会化"以前或"社会化"之际，个人应该有些什么修养上的准备，便在不论不议之列。第二种教育的目的显而易见是专教人学些吃饭本领；绳以"衣食足而后知荣辱"的原则，这种教育本是无可厚非的。但至少那一点"荣辱"的道理应当和吃饭的智能同时灌输到受教育的脑经里去，否则，在生产薄弱、物力凋敝的今日，也无非是教"不夺不餍"的风气变本加厉而已。第三种所谓人才教育最耸人听闻，其实充其量也不过是一种专家教育以至于文官教育，和做人做士的目的全不相干：弄得不好，造成的人才也许连专家都当不了，文官都考不上。每年毕业的好几千的大学生不就是这样么？什么是士的教育？在解释以前，我们不妨先列一个很简单的图表：

士的教育 { 理智的——"推十合一"
情志的 { 在平时——"不可以不弘毅，任重而道远"
处危难——"见危授命""可杀不可辱"

《说文》在士字下引孔子的话说,"推十合一为士"。读书人最怕两种毛病,因为是最不容易避免:一是泛滥无归,二是执一不化。梁任公先生某次评阅学生的卷子,在评语里自承为一个"泛滥无归"者,这在梁先生也许是一种自谦之词,但这一类的读书人目前正滔滔皆是。泛滥无归的人患在推十之后,不能合一;执一不化的人,患在未尝推十,早就合一,这里所谓合一的合字,实际上是不适用的,因为其间并没有多少可合的内容。

士的教育也着重情绪和意志的培养。说"士不可以不弘毅,任重而道远",是所以备平时。说"士见危授命""士可杀不可辱"是所以备危难。以生命做一种理想的拥护者,是士的最后也最有力的一只棋子。而其所以能如此,则端赖平时的培养工夫。所谓宏,指的就是情绪的培植;用情有对象,这对象是惟恐其太渺小,太零星。所谓毅,指的是意志的训练,持志有方法,这方法是惟恐其太散漫,太不能持久。张横渠所谓"不以闻见梏其心",是宏。孟子所谓"持其志,无暴其气",是毅。用今日流行的语气来说,前者是有度量,有气魄,后者是能沉着,能撑得住气。久已成为口头禅的仁义二字,其实所指也无非这两层意思。朱子有两句话说得很好:"义之严肃,即是仁底收敛。"严肃时即是毅,未收敛时即是宏。宏毅之至,一个人才敢希望于必要时走成仁取义的一步。

实践士的教育,须要两个步骤。第一是立志,就字义说,志是心之所在,或心之所止,即指一人的生命总得有个比较认清楚的目的,也就是要打定一个健全的立身处世的主意。第二要学忠恕一贯的道理。读者到此,可能要说我越说越开倒车;其实开倒车并不是一个罪名,平沪车开到北平后,仍然要开回去的。不过我未尝不准备给这些古老的名词一个比较新鲜而易于了解的解释。忠就是笃信,外国人叫做conviction,说得更近代些,就是一个人总得有个轻易不肯放弃的立场。恕就是容忍,外国人叫做tolerance,说得更近代些,就是一个人同时也得见到和谅解别人的立场。其实这何尝不是以前的人造字的本意？忠字从中从心，董仲舒说得好，"心止于一中者，谓之忠，持二中者，谓之患"；一个人没有立场，或立场随便改换，甚至于覆雨翻云，朝秦暮楚，总不能说是很健全吧，不健全就是患。恕字从如从心，就是"他人有心，予忖度之"的意思。说忠恕一贯，就指两方面要兼筹并顾。能忠不能恕的人是刚愎自用的人，是党同伐异的人，是信仰一种主义而至于武断抹杀的人。能恕不能忠的人是一个侈言自由主义的人，动辄以潮流不可违拗，风气不能改变，而甘心与俗浮沉，以民众的好恶为依归的人。这两种人目前又正滔滔皆是，而其所以致此之故，就在以往二三十年的所谓新教育没有教我们以忠恕一贯所以为士之道；没有教我们恕就是推十，忠就是合一，恕就是博，忠就是约……这一类先民的教育经验。

别种教育，例如识字教育，吃饭教育，文官教育等等，多少可以补习，可以追习，惟有士的教育不行，非在青年期内学习不可。青年有四个心理的特点：一是易于接受外界的刺激与印象；二是富有想象力与理想；三是易于唤起情绪与激发热诚；四是敢于作为而无所顾忌。这原是人生最可宝贵的四个特点，生命的尊严，文化的灿烂，都从此推演而出。不过它们有三四个危险：一是流放，二是胶执，三是消沉，四是澌灭。前三种危险在青年期以内便可以发生，后一种则大都在青年期以后。青年人的心理特点虽因年龄期而大致相同，而其整个的品格的表现则往往因遗传的不同而有个别之异。这种差别，约而言之，又不出狂与狷二途。大率狂的易流于放浪，而狷的易趋于胶执。放浪之极，或胶执之极，而一无成就，则"暴气"而不能"持志"的结果，势必转趋消沉，而消沉之至，竟有以自杀做最后的归宿的。所谓流放，初不必指情绪生活的漫无节制，举凡读书时代兴趣的泛滥无归，学科的东拉西扯，无选择，不细嚼，以及理想的好高骛远，不切事理，纷然杂陈，莫衷一是，都可以算做流放的表示。胶执的则恰好相反。有一知半解，便尔沾沾自喜，以为天下的事理，尽在于此，以为社会国家的彻底改革，非此不成，甚或以白日梦作生涯，以空中楼阁为实境，以精神分析派所称虔诚的愿望当做已成的事实，引为立言行事的根据。这两种趋势，方向虽有不同，而结局则往往相似，即不是一朝自觉而急转直下以趋于出家或自杀的途径，便是不自觉地变为疯狂，永久地，完全地，以幻作真，以虚为实，而再也不能自拔。

至于第四种的危险，即青年心理特性的澌灭，则往往在青年期以后。我们时常看见有人，在学生时代是何等的好奇爱智，何等的充满了理想与热诚，何等的志大言大，敢作敢为；一出校门，一入社会，一与实际的物质与人事环境，发生接触，便尔销声匿迹，同流合污起来。求智欲很强烈，理想很丰富的会变做固步自封，患得患失；以天下国家为己任的会变做追名逐利，狗苟蝇营；家庭改革的健将，会变做妻子的奴隶，儿女的马牛。一言以蔽之，这种人的言行举措，前后会如出两人。何以故？青年的特性已经澌灭故。

如今士的教育的效用无他，就是要调节与维持这种种青年的特性；调节，所以使不流放，不胶执；维持，所以使不消沉，不澌灭。讲博约，讲忠恕，讲推十合一，即所以调节流放与胶执两种相反的倾向，使不但不因相反而相害，而使恰因相反而相成。讲立志，讲弘毅，讲自知者明，自胜者强，以任重道远相勖勉，以富贵不淫，贫贱不移，威武不屈相期许，险阻愈多，操守愈笃，至于杀身毁家而义无反顾；这些，即所以维持青年期内那种热烈的情绪与敢作敢为的无畏精神。再约言之，士的教育，一面所以扶导青年的特性，使发皆中节，一面所以引伸此种特性，使不随年龄与环境之变迁而俱变。惟其在青年期内发皆中节，到了青年以后的中年与老年，进入学校环境以外的国家与社会，才有余勇可贾，才能负重任而走远道。

不幸这种士的教育，数十年来，不但已经摧毁无余，并且快到无人理解的地步。在所谓新教育制度之下，一个青年所恃以立身、处世、应变、救国的力量，只剩得一些天生的朝气，或孟子所称的平旦之气，以及上文所说的四种特性的自然流露罢了！这种朝气与特性的流露，到了相当的年龄，即大约在春机发陈期以后，原无待乎何种特殊教育启发，方才流露，教育所能效劳的，事实上只不过是一点点调节与扶持的工夫而已。就今日的形势而论，因为缺乏扶持以致不调节的缘故，此种朝气与特性的自然流露几于无时无地不趋向流放与胶执的两个途径。近年来的学生生活以及几次三番的学生运动，便是十足的佐证。在比较生性活动的青年学子中间，我们总可以发现大量的不负责任的极端的自由主义者，浪漫主义者，甚至于颓废主义者。在比较生性固执而自以为有主张、有理想的分子中间，我们又可以找到大量的成见极深、武断太甚、党同伐异、不是左袒便是右倾的人。我一向主张学生不宜加入任何党籍，我现在还是这样主张，因为加入党籍的最好的结果，也不过是造成一些能忠而不能恕的胶执分子，其于民族国家的不能有所裨益，和能恕不能忠的极端流放的分子，初无二致。不过私人的主张终究敌不过教育不瞅不睬的政策。教育根本不管这一类的事，它只要教人能识字，能吃饭，能应文官考试，能做一个专家，便已算尽了它的能事。及学生活动因流放而轶出了范围，或因胶执而造成了若干朋党，彼此攻讦不已，于是向之不瞅不睬的静态又不得不一变而为大惊小怪与手足无措的动态。一个出了学校，已能识字，已有吃饭本领，已做文官，或已成专家的人，而在社会上犹不免作奸犯科，殃民祸国，教育对它的态度，也正复如此——一个瞪着眼的诧异与全不了解。种麻得黍，教育不问种的究竟是不是麻，而深以为黍的出现的大惑不解。近代的教育便常在这种迷惘的情态之中。

　　国难的形成，自有它的内因外缘，若就其内因而论，我始终以为教育要负很大的责任。教育没有教一般人做人，更没有教一些有聪明智慧的人做士，没有教大家见利思义，安不忘危，没有教我们择善固执，矢志不渝，也没有教我们谅解别人的立场而收分工合作之效。我以为近代的教育不知做人造士为何物，是错了的，错了，应知忏悔。

介绍陈通夫先生的《人口问题》

陈达先生这本《人口问题》无疑的是中文人口问题书籍中最圆满的一本了。人口问题是近代社会问题里最迫切的一个，尤其是在今日的中国，所以近年来坊间出版的作品还不算少。不过这些作品，不是圆而不满，就是满而不圆，前者指的是泛论人口问题而论得非常的浮泛的，后着指的是专论人口问题的一方面，虽能深入，而究不能作一般参考与研究之用的。陈先生这本书是一本通论，同时对于人口问题的各个方面都能有比较精到的发挥，所以说是最圆满的了。

下面一番介绍的话，大约可以分做四个段落：（一）全书的布局与立场；（二）特别有意义的章节和议论；（三）中国资料的充分；（四）鄙见认为不妨补充与修正之点。

（一）全书分别为四篇：一是《人口理论》，二是《人口数量》，三是《人口品质》，四是《人口与国际关系》。每篇包括至少三章，最多七章，共得二十二章。理论的一部分以马尔塞斯为中心，专用一章叙述，马氏以前和以后的理论又分为两章讨论。数量的一部分包括清查、登记、估计、生育率、死亡率、自然增加率等分题。品质的一部分包括遗传、环境、遗传环境与文化的关系、自然选择、社会选择、生存竞争与成绩竞争等分题。《人口与国际关系》的一篇则分论世界人口的大势、国际移民的现状、人口与农业、与工商业的关系和人口政策。大率每题一章或二章不等。目录划分得很详细，占二十三页，几乎可以当索引用。表格很丰富，有九十多幅。附录三篇，末篇是一个比较详细的参考书目，占十三页，分章胪举，尤易查阅。

这布局是值得注意的，尤其是关于人口品质的一部分。马尔塞斯做《人口论》的时候，几乎完全是讲人口数量的；后人禀承他的衣钵，也十九但就数量一方面立论。自优生学说发达以后，此种侧重一方面的形势算是改正了些，但即就最近十多年里流行的人口论或人口问题的教本而论，此种形势还是很显明。考克斯（Harold Cox）的《人口问题》里，讲品质改良的，六章里只有一章；拉埃脱（H.Wright）的《人口论》里，九章里只有一章。卡尔桑德斯（A.M.Carr-Saunders）的《人口问题》出（一九二二），才算把数量与品质两方面完全相提并论，不分轩轾；稍后洛埃特（E.B.Reuter）著《人口问题各论》，也同意于此种见地，所以全书二十一章中，和品质有关系的，居然有八章之多。国内出版的人口书籍也有同样的情形。孙本文先生的《人口论ABC》里，品质的议论只占十三章之一；陈长蘅先生的《三民主义与人口政策》，比较晚出两三年，涉及品质的部分，便有五章之多，较之数量的部分，并不见少。不过完全把质与量两题等量齐观，还是要推陈达先生这本书，两题各占一篇，是齐观，各占七章，是等量。

本书所以能把质与量等量齐观的原因，就在作者是一个社会学者，而不是一个生物学者或经济学者。一样谈人口问题，生物学者往往侧重质，经济学者往往侧重量；惟有社会学者才能双方兼筹并顾。这一层是作者自己在序文里便已说明了的，他说："人口学者因兴趣与观点的歧异，显示不同的研究途径。……但社会学者往往采取综合的态度，与其他社会科学者相比，有较广的观点，因此社会学者大致可以利用前述二类学者的贡献，并容纳其观点。"这种观点的综合与此种观点所引起的全书设计与布局的平衡，显而易见是本书的一个特点。

不过作者运用综合的观点，并不止于上文所提的质量兼顾的一端。我们还可以举两个证据。一是关于选择的概念的。选择的概念始于达尔文与华勒士（Wallace），但《物种起源》出版后四十年间，大家始终只谈自然选择，而不知人造的社会势力或文化势力亦未尝无选择的巨大影响。至十九世纪末年与二十世纪初年，法德两国一部分人类学者始创为社会选择的议论，法人拉普池（Vacherde Lapouge）还用这题目做过一本专书（Les Selections Sociales）。这些学者我们也时常称他们为"社会达尔文主义者"。不幸他们的社会选择的议论往往受种族主义的成见所支配，比较不察的读者，在拒绝他们的种族主义之际，便把此种选择的精义也给一起拒绝了；正合着西洋人一句笑话，就是，泼洗澡水的时候把孩子也给泼了。这种不分皂白的态度，至今在一部分优生学的著作者里还看得见，他们在文章里尽管谈社会选择的精义，而于"社会选择"这个名词，却始终未能坦白地接受运用。如今陈先生却很老实地把"自然选择"与"社会选择"相提并论，可以表示他真能综合，真能撷取各方面的长处。

第二个证据是关于遗传与环境的争论的。关于这点，陈先生既专章分论于前（十一章与十二章），又并章合论于后（第十三章），并且所持的也是一个兼收并蓄的态度，不偏袒任何一方面。这是很对的。有一段话最能代表这种不偏倚的态度。"遗传与环境是分不开的，是互有关系的。我们要想改良人口的品质，不应该专靠遗传或专靠环境，我们应该对于两者同时注意。批评派人类学者罗维（R.Lowie）氏云：'环境替文化的建筑者供给砖与灰，但不供给绘画工程师的图形；这个图形便是要聪明之士来供给的，那就要靠遗传。'我们的观点与罗维氏相同。"

（二）全书二十二章中，鄙见以为有两章特别的有价值。一是第十四章《自然选择：灾荒》，二是第十七章《生存竞争与成绩竞争》。人口问题这一类的著作，最大的功用首在铺陈事实，次在指出问题症结之所在，末在提示解决的途径。铺陈事实的一部分，工作虽繁，而并不很难，因为除了中国的以外，其余十之八九是比较现存的，做书的人只要根据他上文所提的综合的观点多花一些搜罗、选择与编纂的工夫，便可就绪。全书之中，十之七八便代表此种功夫的成绩。其余的十之二三呢？一部分便是方才所特别提出的两章了。《自然选择》这一章的贡献自然也不外铺陈事实，不过这些事实的搜罗却不易。中国是一个"饥荒的国家"，是一个受灾荒的选择作用所支配的国家。这种事实虽然众多，材料却并不现存，必得特地去找。作者在这方面便花了不少的工夫，他自己也说："关于我国水旱灾，自有记载以至现在的系统研究，本章实是第一次的尝试。"至于灾荒何以会有选择的意义，何以会在人口的品质上发生影响，经作者这番的铺叙以后，更可以教我们明白救灾之刻不容缓，因为历代灾荒的结果，不但已经教民族越来越穷，并且越来越弱、越来越愚、越来越私，而此种弱、愚、私也许已经成为民族根性的一部分，非转移选择作用的方向，是亟切改革不来的。

第十七章《生存竞争与成绩竞争》的重要，是在指出人口问题的最大症结，并提示解决的有效途径。约言之，作者全部的人口哲学就包括在这一章里。"要文化有进步，必须减少生存竞争的痛苦，增加成绩竞争的机会"——这三句话便是作者对于人口问题的最后信仰了。作者认为中国民族以往的精神毅力，几乎全部消耗在生存竞争方面，真能在成绩竞争方面稍稍努力的民族分子，实在是寥寥无几，他们所能努力的时期，也是短促得很。此中基本原因便是人口过庶。人人为衣食奔走，为贫而仕，为"儿啼饥，妻号寒"而出门奔竞，试问还有多少余力可以从事于文化的创造。作者是近年来国内提倡生育节制最有力的人。上文云云便是他所以提倡生育节制的哲学与事实背景了。对于这一层，不用说，凡是熟悉中国历史与现状的人，都不会有异议。不过两种竞争相对峙与互为消长的干脆的说法，却比较的是陈先生的创见。

（三）全书资料，四之三是世界的，四之一是中国的。中国资料如是其多，当然也是本书特点之一。全书正文凡四三二页，其中专叙或专论中国的，总计起来，竟有一二二页之多，即四分之一还有余。中国人口占全世界人口的四分之一，而本书的资料亦得四分之一，可以说恰如其分。全书各个部分里，几乎全都有中国的资料。《自然选择》一章是完全用中国资料写成的，其他各部分，到将近收束的时候，也总有一些中国的统计或适合国情的议论，少则一二页，多得十余页不等。本书作《大学丛书》之一，确乎是可以无憾。

（四）本书虽然很圆满，但鄙见所及，值得补充与修正的地方也还不少，姑拉杂举例如下。先说可以补充的例子。（1）死亡率的讨论里似乎未列死因的分类（causes of death）。（2）生育率与死亡率之外，对于疾病率（morbidity rate）似乎也应当叙及；关于这方面的资料的搜查，虽不容易，在西洋亦开始不久，但终究是人口登记的一种，未便挂漏。（3）自然淘汰对于民族品性的影响，虽至今尚无很客观的观察与记载（页二四八），至少美人明恩溥的《中国人的特性》（Arthur Smith, Chinese Characteristics）与亨丁顿的《种族的品性》（E. Huntington, Character of Races）二书是值得参考的。作者对于亨氏此书，曾经作一度的参考，但所参考的为另一种事实。（4）自然选择与社会选择之势力不止作者所讨论的灾荒、生育节制、区别生育率等三种；作者目的虽在举例，不在遍论，至少对于它种势力，应作一提名式的介绍，以示此种势力之普遍性。

其次举几个应该修正的例子。（1）作者叙马氏以前人口的习惯与理论时，引齐桓公的争霸为用战争方法来向外膨胀的一个例证（页四）；这例证不很妥当，因为《论语》上早就有过"不以兵车，管仲之力"的一句老话。（2）作者论文盲与独裁政治的因果关系时，举意国为例（页九四），此亦大有商榷之余地，如文盲与独裁果有密切因果关系，试问将何以解于德国希特勒之独裁与中国独裁的不易成功。（3）美国"国贤馆"（Hall of Fame）的人数只四十余人，作者所说的三千五百人是乌资（F. A. Woods）做研究时《名人录》上的人数（页二〇八）。（4）"男性恋爱"（页四六）

当是"同性恋爱"之误。

最后,有一部分名词是值得提出来商榷的。(1) Taboo 一字与其译"忌讳"(页二),不如译"禁忌"。(2)"大家庭"与"小家庭"二名词,可以有两个不同的意义,一为组织的大小,一为子女的多寡,本书所用为后一义,即美国所流行的一义,但未叙明(页六,页二七二)。(3)"迁民"为迁出之民,"徙民"为徙入之民,"迁民国"与"徙民国"的分别亦然(页一一七,页三五一);但此种分别书中未尝预先加以解释。(4)马氏谓食粮的增加所据为 arithmetic law,书中译作"数学律",似应作"算学律"。(5) Expectation of life,本书作"生命的希望",不如译作"生命的期望",较切。

但上文所举的不过是一些小节目,无关宏旨的。值得我们注意的终究是本书全般的价值,这些,我们在上文一、二、三,三节里,希望已经加以充分地说明。

冯小青——一件影恋之研究

叙　言

本篇初稿成于一九二二年，二年后，曾寄登《妇女杂志》，题名曰《冯小青考》。唯当时仓促成文，于小青之性心理变态，未能分析详尽；且《妇女杂志》编者将附录之小青作品抽去，以致读者无从参证，心滋憾焉。今秋新月书店余上沉先生以书稿见嘱；爰取旧有关于小青之材料重加厘订，于其性心理变态，复作详细之探讨。既成，较旧作多至四五倍。外此完全新补者有《精神分析派之性发育观》，余论二，附录二，附录三，及插图若干幅。

梁任公先生在清华学校讲授"中国五千年历史鸟瞰"时，不佞尝以本篇之初稿请示，承梁先生以"对于部分的善为精密观察"见许，深用自愧；抑自兹不佞于学问一途，略知自勉者，梁先生有提挈之力焉。私心钦感为何如耶！篇首插图为闻一多先生手笔；小青墓等风景画七帧[①]则为张心一先生自杭州摄寄者：并谨志谢忱于此。

光旦，一九二七年八月上海

---

① 原书插图翻拍后难以保持清晰，故本选集未保留。

再版附言

本版较初版略有损益，零星订正之处不具列外，重要之更易则有以下数事：

一，书名本为《小青之分析》，兹改为《冯小青：一件影恋之研究》，似较醒目。

二，闻一多先生代作之对镜一图，以印刷模糊，传真不易，兹割爱舍去。

三，梁任公先生阅本书初稿后，尝谬加奖饰之词，今将先生手迹印出附订；先生归道山未久，借此稍存梁木之思，非敢自为标榜也。

四，小青嫁冯云将，云将父名具区，为钱塘名宿，读诗偶见厉樊榭论及冯氏之作品一首，亟为补入，以为"小青事迹不能凭空虚构"之说张军。

光旦，一九二九年六月

小青事考

一　小青事略

小青为明季女子，或言姓冯氏。万历二十三年（一五九五年）生于扬州。万历三十八年嫁与杭州冯姓作妾。万历四十年（一六一二年）病瘵死。得年十八岁。常熟支如增有传，摘录于下[①]：

> 小青者，武林冯生姬也。家广陵。名元元，字小青，其姓不传。十龄时，遇一老尼，口授心经一过，辄成诵；尼曰："是儿早慧，福薄，毋令识字，可三十年活。"母难之。

[①] 陈文述《兰因集》。

十六归生。生之妇奇妒，姬曲意下之，终不悦。偶随妇游天竺；妇问："西方佛无量，大士独著者何？"姬曰："以慈悲故。"妇知讽己，笑曰："当慈悲汝。"乃徙之孤山别室。诫曰："非吾命，郎至不得入；非吾命，郎手札至，亦不得入。"姬往，郎亦不甚相顾；姬凄惋无已。

有杨夫人者，时从姬弈，绝爱怜之。姬性好书，向生索取不得，数从夫人处借观。间赋小词自遣；对佳山水有得，辄作小画……

又时时喜与影语：斜阳花际，烟空水清，辄临池自照，絮絮如问答；女奴窥之即止，但见眉痕惨然……

一日，夫人乘间言曰："吾非女侠，然力能脱子火坑，岂终向党将军帐下作羔酒侍儿乎？"姬曰："夫人休矣，妾梦手折一花，随风片片堕水，命止此矣；夙业未了，又生他想，彼冥曹姻缘簿非吾如意珠，徒供群口描画耳。"夫人默坐长叹；相顾良久，泣下沾衣。

自后夫人从夫宦游，姬益寥阒，遂感疾。医来，姬佯谢，俟出，掷药床侧，叹曰："吾纵不愿人世，亦当以净体皈依，作刘安鸡犬，宁以一杯鸩断送耶！"乃作书贻夫人[①]；书未达而疾益甚；水粒俱绝，惟日饮梨汁少许。然明妆靓服，拥褵欹坐，未尝蓬首偃卧也。

忽一日，语女奴曰："传语冤业郎，可觅一良画师来。"师至，命写照；写毕，揽镜熟视曰："得吾形矣，未得吾神也，姑置此。"师易一图进，曰："神似矣，丰彩未流动也。"乃命师复坐，自与女奴扇茶铛，或检图书，或整衣褶，或代调丹碧诸色，纵其领会；久之，命写图。图成，笑曰："可矣。"取供榻前，爇名香，设梨汁奠之曰：

[①] 附录一。

"小青，小青，此中岂有汝缘分耶?!"抚几而泣，泪与血俱，一恸而绝。年才十八耳。时万历壬子岁也。

日向莫，生踉跄来，披帷视之，则容光藻耀如生前，不觉长号顿足。妇闻之，恚甚；趣索图，生诡以第一图进，立焚之；又索诗，亦焚之。犹幸第二图其姻娅有购得之者。而姬临卒之先日，以花钿数事赠邻媪小女，衬以二纸，有字①，乃姬亲笔。……

张潮（山来）《虞初新志》亦载有《小青传》，与上述者略有出入。作者不可考，疑即支《传》经后人窜改者；潮之友人殷日戒"仿佛忆为支小白作"，小白即如增字也。与支《传》出入处摘引于后：

与生同姓，故讳之，仅以小青字云。

母本女塾师，随就学，所游多名闺，遂得精涉诸技，妙解声律。江东固佳丽地，或诸闺彦云集，茗战手语，众偶纷然；姬随变酬答，悉出意表，人人惟恐失姬。虽素娴仪则，而风期异艳，绰约自好，其天性也。

〔冯〕生，豪公子也，性曹嗖憨跳不韵。

妇或出游，呼与同舟，遇两堤之驰骑，挟弹，游冶少年，诸女伴指点谑跃，倏东倏西；姬澹然凝坐而已。

妇之戚族某夫人者，才而贤；尝就姬学弈，绝爱怜之。因数取巨觞觞妇，晌妇已醉，徐语姬曰："船有楼，汝伴我一登。"比登楼，远眺久之，抚姬背曰："好光景，可惜，毋自苦；章台柳亦倚红楼盼韩郎走马，而子作蒲团空观耶？……子既娴仪则，又多技能，而风流绰约复尔，岂

---

① 附录一。

> 当堕罗刹国中？……顷言章台柳，子非会心人耶？天下岂少韩君乎？"
>
> 日莫，生始踉跄来，……徐简得诗一卷，遗像一幅，又一缄寄某夫人。
>
> 正其诗稿，得九绝句，一古诗，一词，并所寄某夫人书，共十二篇。……咸某集而刻之名曰《焚余》。

陈文述作《兰因集》，引《西湖志》之《小青传跋》，是《小青传》亦见《西湖志》矣；但此传是否即支氏之作，未能断定。不佞未见《西湖志》原书，其为何人所作，陈氏未详，《武林掌故丛编》搜罗甚富，但亦无此书名。

清剑州人张岱（陶庵）作《西湖梦寻》，有《小青佛舍》一则，似节录支《传》，但有三数语为支《传》所无：

> 冯小青为武林富人妾时，大妇匿之孤山佛舍，令一尼与俱。……后病瘵绝粒。

孤山佛舍谅即支《传》中之孤山别业。但佛舍似更近事实，令一尼与俱，亦较近情理；缘不如此，不足见大妇之"慈悲"也！

小青死后，即葬孤山，其详无考。清嘉、道间，邑明经陈文述筑兰因馆于孤山，乃重修其墓，有《小青墓志》。陈妾管筠亦作《西湖三女士墓记》，一时闺媛作诗纪其事者甚众，具见《兰因集》。今小青墓碣有"颐道居士重修"字样；颐道居士即陈文述也。

《西湖志·小青传跋》中谓尚有戋戋居士一传，论小青生平尤详，又谓此传或系明末冯犹龙所作。戋戋居士不知何人；冯犹龙即冯梦龙，崇祯间吴县贡生，作述颇富。但此传果见何处，《西湖志》未详，不佞亦无从查考。

二　小青真伪考证

小青生平事迹甚离奇，亦甚哀艳；前人知其然，而不识其所以然，于是群疑其伪托，以为绝无其人；至胜清初叶，尚多聚讼者。钱谦益（牧斋）《列朝诗集小传》中《女郎羽素兰传》后有云：

> 又有所谓小青者，本无其人，邑子（常熟？）谭生造传及诗，与朋侪为戏曰："小青者，离情字正书，心旁似小字也。"或言姓钟，合之成钟情字也。其传及诗俱不佳，……

蒙叟此论似不能确，《兰因集》编者辨证甚详，不尽录。支《传》文笔赡丽，不可谓不佳。所叙事迹，容有不切之处，然统观全部，不类臆造。小青《焚余》诗词，一发乎个别情感之自然，抑且发乎个别情感之不得不然，更非一二弄笔之青年文人所可巧制；观下文小青之精神分析，即可得此推论。又《定山堂题画诗》，称顾横波曾摹小青像，而钱氏《明诗闺集》中，托言柳如是助成之，又不知何所指而云然也。

且正面之征信实较反面为多。康熙时，姚靖增修田汝成之《西湖游览志》，将小青事迹补入"孤山路"；田氏书以嘉靖二十六年成，姚氏所增补者大率为二十六年后事。姚氏本一时无处寻觅，不知其所叙者又何若。然其时去小青未远，姚氏举而补之，当不能一无所本。

沈涛（西雍）《续本事诗》载有吴道新之《紫云歌》，歌首有序，序云：

> 维扬冯紫云，乃小青女弟，会稽马甀伯姬，姿才绝世，既精书史，兼达禅宗。惜与小青俱早没。读其《妙山楼集》，及甀伯纪事略，作歌志之。

张山来《虞初新志》中《小青传》后亦附引此序。惟吴道新为何许人，一时无从详考。然读其序，可知小青者，不特实有其人，且知其姓冯，且知其有才情类似之女弟一人。小青纵可臆造，谓并亲族戚串而亦臆造之，则文人虽好事，我恐未必有此耐性。沈西雍为嘉道间浙西名举人，以学尚考订著称，著有《论语孔注辨伪》，及《说文古本考》等书。近人支伟成称其读书有得，每加考订；其关于金石文艺之著作，亦必以此精神赴之。然则其引用吴道新之歌及序，当亦非率尔操觚者可比。

施闰章（愚山）《蠖斋诗话》有曰：

> 予至武林，询之陆丽京，曰："此故冯具区之子云将妾也。所谓某夫人，钱塘进士杨廷槐元荫妻也。杨与冯亲旧，夫人雅谙文史，故相怜爱；频借书与读。尝欲为作计令脱身，小青不可。及夫人从宦北上，小青郁无可语，贻书为诀，书中所云，皆实录也。"客问："小青固能诗，恐不免文人润色。"陆笑曰："西湖上正少此捉刀人。"

按陆丽京，名圻，顺治时贡生，钱塘名诗人，为"西泠十子"之魁，世称其诗为"西陵体"。陆与愚山为诗友。愚山于小青之事实，初亦不能无疑，于小青之作品，则又未尝不私心服膺，因质之陆。陆与冯姓为同邑，去小青之存殁，亦仅三十年左右，宜其言之凿凿如此也。支《传》仅言"武林冯生"，而陆氏则能举冯氏父子之名。支《传》仅言"有杨夫人者"，而陆氏则知其夫为何如人。支《传》中杨夫人讽小青他适，而陆氏亦言之。至谓"西湖上正少此捉刀人"，亦可见小青之诗词，容有相当价值，愚山而外，推许之者，又多一人名诗人；钱蒙叟语，殆不足为定评也。小青之舅，冯具区，虽不见史传，实明季钱塘名宿；清初诗人厉鹗（太鸿）有诗题曰《永兴寺二雪堂晓起看绿萼梅，是冯具区先生手种》；诗中并有句云："……祭酒昔游此，手种犹生前；……儒官罢亦得，不废招隐篇；攀花久延伫，世已无其贤。"厉氏亦钱塘人，景仰乡贤之心，油然不能自禁，斯有此语。杨夫人之夫杨廷槐，亦钱塘人，以万历二十三年赐同进士出身第一百零九名，见《明进士题名碑录》。小青即以是年生；以是推之，杨夫人较长于小青者，或不止三五岁而已。

李雯（舒章）诗《仿佛行》，亦为小青而作，诗首序曰：

余少闻小青之事，伤其哀丽矣。今年秋，同郡（华亭？）好事者为小青作传奇剧于其宅，召余观之。李氏观至击节三叹处，续曰：

乃其人去今亦数年矣；凉风冷草，化其妙质，昔之所哭，今已为歌！……

李舒章为华亭人，崇祯十五年举于乡，去小青之死适三十年。清顺治初廷相交相荐用，曾授内阁中书，惟终不得志；以诗名，为"云间六子"之一。观其序，一则曰"少闻小青之事"，再则曰，"去今亦数年矣"，视小青一段佳话，竟如昨日事。所称"同郡"，不知指杭州，抑指华亭；所称"宅"，又不知指好事者之宅，抑为冯氏之故宅。然无论如何，若此之故实，举足以示小青事迹入人之深，有非寻常哀艳之际遇所可比拟者。李舒章，施愚山，陆丽京，皆明末清初诗人，其诗皆见沈归愚之《国朝诗别裁集》，而此三人者或为小青作诗，或称道其诗：谓此种种因缘皆文人虚构之结果耶？钱蒙叟曰然，不佞曰否。

此外涉及小青之题咏文字尚多，但大率为文人玩墨，近于夸张，里巷传谈，流为神话；感情之滥用有余，事实之搜求不足；不足供我辈考证之用。

小青之分析

引 言

一切本能之中，惟二者最为根本：曰生存本能，曰生殖本能。马克思之徒，以生存本能为经，经济活动为纬，著为经济命定之说，或简称曰经济史观，以解释人类一切行为与经验。晚近奥人福洛伊德（Sigmund Freud）与其徒，创精神分析论，以男女欲性之张弛，约束，转移，变化，为其根据，而举以解释人生活，亦颇能自圆其说。其于个人情感生活常变之理，尤多所发明。夫食色天性，饮食男女，人之大欲所存，古人早已言之；然其为人生种种活动之渊源，则至近世而始有人创说者也。

精神分析论之内容可以大别为三：曰日常生活中之变态心理，曰梦之分析与解释，曰欲性命定说。前二者与本篇无涉，姑不论。欲性命定说之大旨曰：欲性之力，与生俱来，故即在襁褓，未尝无性的行为，特因其无对象，无定域，为之者不自觉，常人亦不之觉耳。成年之欲性即由此中蜕化而出，而其循行之历程即为自觉化，定域化，与对象化，或称客观化。然亦有蜕化失当或蜕化不全者；故成年之人常受幼稚欲性之支配。幼稚欲力之表现于日常生活中者，有二个不同之倾向，视其人应付方法之善否而定。其以防遏之方法行之者，必使欲流退溃或横决，形成种种精神上之变态，名之曰精神拗戾（psychoneurosis）。其以开导疏引之方法行之者，假以相当才力之遗传，则欲力转化之余，可以形成各种文艺的、学术的、社会的活动。故精神分析派中人谓一切文化自欲性升华而来。盖俨然以欲性史观派自命矣。

精神分析派出后，医学而外，最先应用其学说而得比较圆满之结果者为文学。谓性生活之陷阙与升华为一切文艺之起源者，近于抹杀武断，然从此批评家得一新角度以作比较深刻之观察与分析，而一般爱好文学与艺术者，明乎一种作品之原委，亦从而加以谅解；于是文艺之意义益见醇厚：则可得而言也。向者，本篇之初稿既成，不佞尝举以示习于文学之友人某君，某君雅不以为然。其旨盖谓文学之作品乃一整个之物，其美处即其整个处；今分而析之，则完整既去，美又何有？是乡人看"西洋镜"之哲学也。不佞于文学未尝深究，然始终以为好西洋镜必不患拆穿，使拆穿矣，亦愈穿而愈有味也。请以此种态度读小青何如？

一　精神分析派之性发育观

常人自呱呱坠地以至成年，欲性之发育必经若干步骤，历叙如次：

一、初元之子母认同（primary identification）。美人巴鲁（Trigant Burrow，一九一七年）为辨认此时期之主要人物，其言曰：

> 襁褓初期，婴儿所闻所见所接触者，不外其保抱之母亲。所谓意识者，即于此时唤引而出。抑当其初也，犹不失为主观的与未分化的意识，故与外界之种种接触，在我人视若外界者，在婴儿则为初元的，主观的，且亦为不自觉的。既为主观，既不自觉，既不分化，则多一番接触，即使母子之关系促进一步；换言之，即婴儿之自我与母亲之影象，二者之结合而不可解者，更深一度。保抱之时日愈久，则母子间精神之融洽愈甚。此种襁褓期内母子间精神的结合，与胚胎期内母子间有机的结合，可以后先辉映。母子间主观的绵续现象，即有机的与精神的混合，可称之曰初元之子母认同。

认同期内，母子间之接触，未尝无迹近欲性之快感，例如哺乳时之活动及触觉是。然巴鲁谓此种快感乃完全主观的；婴儿尚无客观之能力，故不能以母亲为爱欲之对象。此与福洛伊德异者也。

二、母体之客观化与母恋。婴儿既断乳，与母亲之关系略疏远；于母亲之外，所与接触之环境日益扩大；知母亲之外，天地间尚有其他占领空间之物体。于是母亲不复为子母复体之一部分，而成一独立之体；不复为精神混合体之一部分，而成一幼儿欲力外施之对象。母体客观化之日，即母恋现象呈露之期。福洛伊德之言曰：

> 婴儿欲力外施之对象，果何由物色而得，则历程殊复杂，至今尚无简赅之解释。然我辈于此所欲知者，亦至单简……［出褓襁期后］所谓对象者，盖与当哺乳时与以快感之物体，殆完全为一事。是物者，不为母亲之乳，即母亲之本身是也。故曰，母亲为人生恋爱之第一对象。然我辈于此所称之恋爱，乃偏指欲性之精神方面而言，至其肉体方面，即本能之根本要求，则忽而略之……

三、**自我之自觉及自我恋**。是有二说。福洛伊德谓自六岁或八岁至春机发动之年为欲力蛰伏之期。母恋虽属自然发育所必经之步骤，但不为社会生活与习惯所许可，故孩提年事渐长，于不知不觉之间，即渐自范；向者活泼散漫之欲力，日就收敛而退藏于密；至春机发动期而复出，故曰蛰伏。蛰伏之时期有长短，其程度亦有深浅，一视社会性道德之箝制力为转移；故礼教观念愈发达者，欲力凝缩之迹愈显著。

及春机发动初期，蛰伏者蠕然生动，内凝者泄然外施。生动不能无附丽，外施不能无对象。然方其始也，其人犹慑于社会习惯之威权，不能不从近处，小处，不引人注目处下手。合乎此若干条件者，惟其人自身。故"惊蛰"后欲力之第一对象，即为其人自我。盖近年来福氏之性发育论，未尝不承认"欲"与"我"为二事；既为二事，则一人之欲力，未尝不可以其人之自我为对象，而从而恋爱之也。此自我恋之一说也。

持又一说者为巴鲁。巴氏之性发育观既以子母认同为出发点，则后此之步骤自亦不能无异。巴氏以为母体既脱离子母复体而客观化，则幼儿之自我亦不免客观化。断乳而后，幼儿仰给于母体者日少，凭借于一己之活动者日多；而自我之为欲力之对象者亦日以显著。是则出子母认同时期，即入母恋时期，亦即入自我恋时期也。母恋旋因社会之裁制，不久即无形消灭；于是十分欲力，即以自我为专注之点。故径谓自我恋期为子母认同期之续，亦无不可。此与福氏之言颇有出入。

四、自我恋之扩大与同性恋。春机发动期内，性生理日趋成熟，欲力于精神方面亦渐开展。向之蠕动者渐活跃，泄然者渐奔放，终乃及于其人身外之物。兹身外物者，不能与自我太相类似，顾亦不能过于殊异。合此资格者，其惟同一属性之人乎。故同性恋者，扩大之自我恋而已。巴鲁曰："自恋者，即等于恋其人所属之性，此自精神分析派观之，亦即恋其同性也。"是不啻视自我恋与同性恋完全为一物矣。

五、性生理之成熟与异性恋。此为性发育之煞尾。生理上之发育既全，欲性之生殖作用乃日见重要，本能之根本要求亦日趋急迫。于是自我也，同性也，举不足以为应付。足以应付之者，惟有发育健全之异性。故曰，欲性之发展，以异性恋为最后之归宿。

欲性常态之发育止此。然亦有不合常态者。不合之道二。其一曰中滞。精神脆弱而又遇不驯良之环境，如父母之溺爱，过早或不正当之性经验等，则发育可以随时中止，卒使性生理虽若成人，而性心理犹若孩提，其或若婴儿者。其二曰回流。发育或已完全，但因特殊之性经验，其人或不胜打击，其欲力乃循发育之原径而倒行逆施。犹之水行，进有所阻遏，则反其流，故曰回流，西文称 regression。至回流之距离，则半视前途阻力之大小，半视发育经验中有无中滞之痕迹而定。夫异性恋之生活至复杂也；唯其复杂，故顺应之之方，亦较顺应自我恋与同性恋等生活为繁剧；惟其繁剧，精神略脆弱者在平时已有不能应付之势，况当凄风苦雨之候乎？

我国于变态心理之学尚无人深究，社会亦不为之地，使得罗致患者，以为研究之资料。试入欧美规模较大之精神病院，则因性发育失常而发生之种种变态触目皆是。性发育中滞与性发育回流二者，历程虽不同，而其结果则一。女子有因幼时父母溺爱过当，及成婚而于性生活绝对冷酷者，此发育至母恋期而中滞之结果也。别一女子发育未尝不健全，然因初婚之日，无相当知识之预备，有不胜性经验之繁剧，热情顿转冷酷者；此第就结果而论，实与前例相同，特所以致之者，不为中滞，而为回流。癫狂之一种名早熟癫者（dementia praecox），患者大都为弱冠之人，然其"孺慕"与"依依膝下"之程度，较之婴孩，未尝减色，此亦回流之一例也。又有所谓夸大狂者（paranoia），患者视一己之自我为至高无上之本体，爱之护之，时虞陨越；精神分析论者谓此种癫狂实因缘于自我恋之未能摆脱，所以未能摆脱者，或因中滞，或因回流，视其人之年龄与病前之经验而定。此皆不佞于游观之际，尝数见不鲜者。至生理发育程度已入异性恋之期，而精神方面犹未解除同性恋爱之人，则即在平日社会中，亦不时闻见之。德国精神病学者罕歇弗尔忒（Hirschfeld）尝估计百人中平均得一人半至二人；近著某又谓百人中不逾五人（Anomaly：*The Invert and His Social Adjustment*，页十四，一九二七）；不可谓不多矣。余桃断袖之癖，或出自好奇成习，惟大率出自性心理之不得不然，亦性发育回流或中滞之效用也。

欲流常变进止之理，可用图案表出之。图中实线指常流，虚线指回流，或歧流，皆流之变也。中流之梭形虚线指欲流中滞之象。粗细指自觉化、客观化、对象化之程度。有中滞之痕迹，而最近流之本者为母恋期，次为自我恋之期，最近流之末者为同性恋之期；其无中滞之痕迹者姑假定为福氏之蛰伏期。两端：本则为初元之子母认同，末则为异性恋之段落。此图系参酌福、巴二氏之说而成。

二 自我恋

自我恋之程度不一；发育历程中之自我恋为一绝普遍之现象，

特程度大率甚浅，为常人所不觉察。文语中所谓"顾盼自豪""顾影自怜"，甚至一般浮夸之习气，及种种极端主观之言行；其见之于青年人者，殆无一不有自我恋之根据。至因发育中滞或回流而获得之自我恋，则程度每较深；然因其常与他种症候夹杂，欲辨认之而作精密之观察，亦甚不易。比较纯粹之自我恋，即以整个之自我为恋爱之对象，而同时无他种重要之变态掺杂其间，则精神病学史中殊属罕见，且恐未尝有也①。如强无以为有，则惟于神话中求之。

希腊神话称有美男子名耐煞西施（Narcissus）者，初不识恋爱为何物。水中与林中之神女皆爱慕之。有名Echo者，慕之最深。耐煞西施始终规避，不与往还。Echo终至憔悴以死，仅存者惟袅袅之余音而已；Echo者，希腊语声音也，至英语作回声，盖因缘于是。Echo既死，司赏罚之女神Nemesis乃使耐煞西施与其自身之影发生恋爱。自此耐煞西施必日至池上自顾其形，依依不舍，望穿"秋水"，而可望不可接之情景依然，终亦消耗以死。既而神悯之，使为水仙花，俾仍得借彼清且涟漪者，长与其影为伴侣。至今植物分类学之水仙属，即由此得名。Narcissus，希腊语原义为沉醉麻痹，殆指耐煞西施临池顾影时之精神状况也。此种精神状况，精神分析派即名之曰narcissism，或曰narcism，我辈今姑译之曰影恋现象。影恋者无他，自我恋之结晶体也。

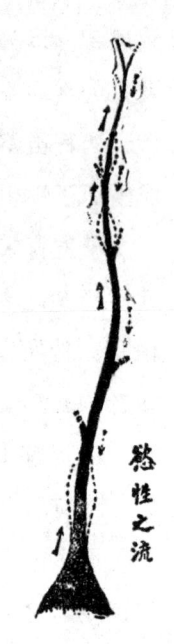

此相传之神话也。然以今日性发育常变之原理推之，此种神话之形成，或不无几许事实为之张本，不能尽属子虚。其与今日之学理相背者，即因果之间，不无倒置；耐煞西施之不爱Echo或其他神

---

① 奥人南恺（P. Naecke）尝叙一例，其情形颇近似，但不详其同时有无他种重要变态。

女，谅非偶然，亦非故与异性为难；实缘自我恋已先入存在，精神上已无异性恋之余地耳。换言之，欲性之流，已于自我恋之段落中滞，去异性恋之段落已远或尚远也。

虽然，不佞必与古之神话作者争此毫末，果何为者？且以因果之论责之命运主义之希腊人，责之神话时代之希腊人，以今度古，亦何不量事理乃尔？然不佞所不能不引为奇绝趣绝者，即耐煞西施何以竟若小青之后身，小青何以竟类降谪人间之耐煞西施？时之相去也，万有余岁，地之相去也，万有余里，神话之与史实，相距又何可以岁月道里计；而二宗事案之相合，何以竟若符节？不佞非研习文学者，于性心理学亦未尝为深切之探讨；然今有自我恋之事案于此：西方仅见于神话者，而我国则见诸历史；普通仅为一人精神病之局部症候者，而此则为一人精神变态之全部。则纵不学，亦必欲明其真相穷其原委而后快。此本篇之所由作也。

三　小青之影恋

何以知小青有影恋之性心理？此须先解答者也。

小青影恋之事实，所可稽者，一为支如增之《小青传》，二为小青之作品。试分别摘录于下。

> 时时喜与影语：斜阳花际，烟空水清，辄临池自照，絮絮如问答；女奴窥之即止，但见眉痕惨然。（支氏《小青传》）

我辈知希腊神话者，设不见支《传》之上下文，而仅仅读此一节，殆将疑此为耐煞西施而作之传神笔墨。即此三数语，以不佞观之，小青影恋之说，至少可以坐实至五十分以上。或曰：世间顾影自怜之男女，所在而是，何以知小青之顾影自怜为变态的而非偶然的？曰，有数说焉。第一在一"辄"字，亦在"时时"二字，此示其绝非偶然之行为。二曰与影对语，盖显然以影为有人格之对象，故从而与之问答，且絮絮叨叨，不仅一二语而已。三曰人见即止，普通情人相会，雅不乐第三者之闯入；女奴为小青幽居中唯一伴侣，宜甚相谂，而小青竟不以其窥探为然，岂亦以情人视己影耶？四曰形容惨淡，一般之顾影自怜者顾影而乐，而小青则反之；殆一泓秋水，可望而不可接之味况，已有不堪消受者在；外此无以解释也。

谓此犹不能坐实小青之影恋，则请读小青自作之诗，谅较支《传》为可信：

> 新妆竟与画图争，
> 知在昭阳第几名？
> 瘦影自临春水照，
> 卿须怜我我怜卿！

（七绝九之三）

小青既感疾，不能"临池自照"，以与其恋爱之对象聚首，则有一更较轻便之媒介，以代池水。小青尝自述曰：

> 罗衣压肌，镜无干影；朝泪镜潮，夕泪镜汐。（《与杨夫人永诀书》）

是以镜为通款曲之媒介也。向者临池，则"眉痕惨然"，今者对镜，则泪如泉迸，甚至罗衣湿透，且夙夜环流，有若潮汐：小青之变态盖愈深一步矣。小青病，亦即其对象病；小青或不自觉其病，而知其对象病，或知而不自悲；所可悲者，镜中之人日即于支离憔悴耳。既悲则安可不啼：小青啼，而镜中人亦啼，情感相生，啼乃弥甚；如此而欲涕泗之不滂沱，乌可得哉！

止水与明镜为小青之二大恩物。小青尝于一诗中并及之；

诗曰：

> 脉脉溶溶滟滟波，
> 芙蓉睡醒欲如何？
> 妾映镜中花映水，
> 不知秋思落谁多。

（七绝九之七）

诗中芙蓉非灌木之芙蓉，而为水芙蓉，即莲花。小青盖引莲花相比拟：莲花之对象在水底，而小青之对象则在镜中也。耐煞西施之后身为水仙花，而小青之良俦为莲花，抑何诗境之相似也。至言"秋思落谁多"，则更进而比对象憔悴之程度矣。昔论《诗》者每别诗之性质为兴、赋、比；小青此诗之性质果为兴，为赋，为比耶？不佞无以辨之。

小青疾甚，支《传》载有二事，甚可供我辈之研索。其一为服饰：

> 疾益甚，水粒俱绝，唯日饮梨汁少许；然明妆靓服，
> 未尝蓬垢偃卧也。（支《传》）

服御整洁，固出于其人之爱好天然；张山来本支《传》谓其绰约自好，盖出天性；然至疾甚而犹毫不苟且，则仅仅天性一端殊不能圆其说。且小青为失欢之人；佛舍幽居，一壁既遭冯氏子之掣置，一壁又无缘他适，其往日之恋爱生活，盖已甚少恢复之望；常人濒此绝境，鲜有不兴"岂无膏沐，谁适为容"之感者。乃小青独不然，病且死矣，犹惓惓于妆台生活，不稍假借；此更岂爱好天然所可解释？可解释者，唯影恋之一说耳。夫人孰不欲其情人之美观？孰不求己身之美观，以博情人之欢心与赏鉴？是则欲服御之苟且假借

而不可得矣。特通常情人间之饰美，须费两番手脚，在影恋情势之下，两番可并一番做耳！

小青死前尝写照，是又大可玩味之一端也。

忽一日，语女奴曰："传语冤业郎，可觅一良画师来。"师至，命写照；写毕，揽镜熟视曰："得吾形矣，未得吾神也，姑置此。"师易一图进；曰："神似矣，丰采未流动也。"乃命师复坐，自与女奴扇茶铛，或检图书，或整衣褶，或代调丹碧诸色，纵其领会。久之，命写图。图成；笑曰："可矣。"（支《传》）

支离"鸡骨"之病者，濒死矣，而非画像不可，非画得惟妙惟肖不可，非画得形神俱似，丰采自然流动不可；求形神俱似，求丰采自然流动，于是一则揽镜熟视，再则力疾作种种恣态之活动，使画师意会：小青何不惮烦乃尔？《与杨夫人永诀书》，有"拙集小像，托陈妪好藏，觅便驰寄"之语，试揣其意，盖谓其人虽去，而琴不可忘。小青达观人也，其视生命若敝屣，《与杨夫人书》中固尝历历言之，奈何独于此戋戋之小像，不能忘怀得失？此又非影恋之说不足以解答者也。画里真真者，我辈果直认为小青，而小青则认为情爱所钟之对象，既为钟情之物，则不论修短肥瘠，其入画之资格一也；且愈憔悴，愈瘦损，则愈见可怜，愈有图绘之价值：一般之病态犹然，况当"玉腕珠颜，行就尘土"之候乎？

故为小青设身处地，与其谓小青将死，无宁谓小青之情人将死；与其谓小青欲写照，无宁谓小青欲为其将死之情人写照；与其谓小青欲永留其小影于人间，无宁谓小青欲期其情人不朽，故以保藏其小像之责，归之杨夫人。此岂不佞臆断之辞？小青濒死固自言之，初不待我辈好事者谋为之处也。支《传》谓小青写照既竟，乃取供榻前,爇名香,设梨汁奠之曰:"小青,小青,此中岂有汝缘分耶?!"抚儿而泣,泪与血俱,一恸而绝!

呜呼,小青竟以身殉情矣!

四　小青之死与其自觉程度

小青为影恋者,且半因影恋而杀身,洵已坐实矣。然小青当日果自知之否?即小青对于一己之性心理变态,究自觉否?究自觉至何种程度?影恋纵深,又何以竟至于死?自觉程度与其死又有何关系?皆宜续加探讨者也。

杨元荫夫人为小青闺中腻友;尝劝小青改嫁。此事不仅于支《传》及陆丽京谈话中见之,即小青《与杨书》中亦尝反复加以讨论。唯小青终不以改适为然。尝语杨曰:

妾梦手折一枝花,随风片片堕水,命止此矣;夙业未了,又生他想,彼冥曹姻缘簿非吾如意珠,徒供群口描画耳。(支《传》)

后《与杨书》中又曰:

尊旨云云,窃揆鄙衷,未见其可。……去则弱絮风中,住则幽兰霜里,兰因絮果,现业谁深?

观其对于改适问题之态度,可知其不无少许自知之明。其不以改嫁为然者,一决不因名节关系,小青本为冯之姬妾;且以彼之达观,自不斤斤于此。二决不因无可改嫁之人物,诚肯以章台柳自期,则"天下岂少韩君乎?"三决不因无常人眼光中所谓改适之资格,"既娴仪则,又多技能,而风流绰约复尔"若小青者,岂患无人拜倒?四决不因无改适之便利与机会,小青幽居期内,冯氏子本不甚相顾;大妇以小青为"眼中钉",亦曾讽其他适,见《与杨夫人书》中；而杨夫人未北行时，尝以"脱"小青于"火坑"自任。然则究因何故？曰，小青自知无此种顺应能力故。曰"去则弱絮风中"者，言一般之无把握，不能应付异性恋之环境也。曰"冥曹姻缘簿非吾如意珠"者，极言其不能应付之程度，竟若先天定命者。故曰，小青不无相当自知之明。

又有出家之议，小青亦期期以为不可。其言曰：

> 若使祝发空门，洗妆浣虑，而艳思绮语，触绪纷来；正恐莲性虽胎，荷丝难杀：又未易言此也。（《与杨夫人永诀书》）

通常异性恋之生活，当之者对外须作种种顺应，在溺于自我恋若小青者对此自无把握；然削发为尼，亦须作种种顺应，但为对内的，而非对外的。夫欲一人屏一切情爱于意识之外，亦岂轻而易举？然以普通情理推之，为失恋后之小青计，最自然之举莫若逃禅。小青早慧，十岁时有老尼授以心经，即成诵；后虽未专学佛，而出语每通禅理，读其寄杨夫人书，即可知之；有根器之人不入佛，则谁入佛？此一端也。寡妇或弃妇之略重名节者常以长斋绣佛自矢；小青之地位，弃妇之地位也，既不改嫁，又不作禁绝尘缘之计，意果何居？此又一端也。小青独居孤山别业，或曰佛舍，而为之伴者为一女尼，固十分良好之学佛环境与机会也，而小青未尝利用之，又何为者？此又一端也。有此种种因缘而犹不入空门，则其间不能无特殊之个别心理可知。此特殊心理者，小青已自言之矣。小青之自觉程度，至此可谓更进一步。

唯小青自觉之程度尚浅。小青自知其不能无情欲生活，亦自知不能如常人之善用其情欲，或竟如出家人之完全灭情禁欲。至其何以不若人，其情欲外施之对象果何以异于人，则小青不自知矣。自我辈观之，小青之地位固绝易了解者也。设以异性恋为用情之极度，而出家人之生活为不用情之极度，则小青之用情适得中道。常人用情，须有身外之对象；出家人不用情，自无须对象；而小青则用情而无须乎身外之对象也。以习于中道之人，而欲强其走极端，事实上自不可能。

然小青自觉之程度，此外犹不无可征者，试于其作品中求之。《天仙子》词中有曰：

也亏一阵黑罡风，火轮下，抽身快，单单另另清凉界。

"清凉"二字，殊非事实。然小青对于当初之婚姻生活，未尝不认为大错特错，则读此可知。至下半阕则义益明显：

原不是鸳鸯一派，休猜做相思一概；自思，自解，自商量：心可在？魂可在？

前二语盖与"冥曹姻缘簿，非我如意珠"同一口吻，但益较肯定。至"自思，自解，自商量"一连三个自字，则更为小青精神生活之画龙点睛处。既曰相思不一概，既曰不属鸳鸯一派，而续曰，自相思，自解慰，自商量，是明明指其所以不一概与另成派别者之所在；续曰"心可在？魂可在？"者，又显若不甚了解其欲力之安放处，因而特作疑问者然。以此论之，小青之自觉程度已出六七分以上。上文支《传》称小青濒死，哭奠其小像时，曾作"此中岂有汝缘分"之疑问语。我辈如仅就此一二者立论，而不兼顾其他文字上之征信，则不妨曰：小青于其自我恋之变态，已猜破至八九分程度。

虽然，此尚未易言也。小青一壁猜得几分一己之性心理变态，而一壁实未尝打破"愿作鸳鸯不羡仙"之观念；此甚可悲者也。读其古诗之末句及七绝第二首之后半，其感伤孤另之情，可以想见。至七绝第五首及词，则引《牡丹亭》女主人、蔡文姬、王昭君等为同调，若辈固皆不得于婚姻生活之可怜人也。绝诗之第六第八两首实出同一心理：第八首美绿珠之虽死犹生，以映出一己之虽生犹死，小青自愧勿如之心，跃然纸上；第六首则羡慕中微寓怨意与妒意，所谓"怨黄莺作对，恨粉蝶成双"之复叠心理是也。七绝之第一首最积极，小青有鉴于一己惨痛之经验，故发"洒作人间并蒂莲"之大宏愿，较之"天下有情人都成眷属"一愿尤为宏大，亦且不着痕迹。又有进者，《天仙子》词之后半既再三言一己之性心理不能与他人相提并论，而其末句突然曰："着衫又捻裙双带！"真正自觉者岂能依违两可若是？我辈读小青至此，抑可知无论一人之性心理如何个别，其人之性观念每不易摆脱社会之习惯。愈个别而愈不能摆脱社会之成规，则行与心违，欲与望左，其痛苦乃弥甚。间有一线曙光，其人得自知其隐秘而别图顺应，则又稍纵即逝，不可复得：此若小青者，所以为千古之伤心人也。

　　精神病诊断者谓患者之可愈性往往视其自觉之程度而定。自知其变态之所在者，其可愈性较不自知者为大；自知其变态之所由然者，则其可愈性更大。良以知其然而又知其所以然，则患者每能于行为上自为调剂，补诊疗之所不及。小青自觉之程度，综合上文征信而观之，实不可谓甚深：彼仅仅猜测其变态之所在，而未尝肯定之，至其变态之所由来，则更属茫然。唯其自觉程度不深，故其可愈性不大，而终于不治。第言以瘵死者，知其一而不知其二者也。

　　如影恋生活可以进行无碍，则小青之残喘尚可多延若干时日。事实上却并此而不可能。第一，因旧日之瓜葛未清。小青之幽寄孤山，本为大妇嫉妒之结果，然大妇之淫威，初未尝因此而稍杀。《与杨夫人书》中谓"猜语哮声，日焉三至，既而微词含吐"，且讽其改嫁，小青称之为"屠肆菩心，饿狸悲鼠"，其不为善意之劝告可知也。夫既时刻在大妇监视之下，则即与人无忤之影恋生活亦不能自由享受。影恋生活与异性生活，形式不同，而原则初无二致，即同一不能无相当之隐秘。故支《传》之女奴，或《西湖梦寻》之女尼，名为随侍小青，实则在在为小青恋爱生活之障碍，所谓"时时喜与影语……女奴窥之即止"是也。

第二，因缺乏适当之伴侣。小青自扬州就婚杭州，而其母及弟仍居扬州。《与杨夫人书》中之"阿秦"，或即为其弟之乳名。吴道新《紫云歌·序》称紫云为小青之妹，嫁会稽马髦伯。诸人皆音问不通，遑言相晤。《与杨书》中谓"老母姊弟，天涯问绝"，姊字容有误，或即指紫云也。

杨元荫夫人为闺中唯一腻友，唯一同情者，但交不甚久，夫人即随夫北去。《与杨书》中之小六娘，不知何人，谅亦小青友辈，然较小青先卒，不能为解忧也。然即使杨夫人不北去，恐亦不能保其不病不死。何则？一般妇女之性情柔婉，体贴入微则有之，动中个别心理之肯綮则未必。再嫁之议，杨首创之，祝发入禅之说，或亦为彼之手笔。至引韩翊①柳章台一类故事，或出作传者之好事，未可遽信。然杨夫人不能为小青之真知己，无待辩也。呜呼，镜花水月，慰藉三分，影另形单，闲愁万丈。小青不以瘵死，亦必以悲苦郁结无可告语死。读其与杨夫人永诀语，亦可知其惨痛之梗概也：

嗟乎，未知生乐，焉知死悲？憾促欢淹，毋乃非达？至其沦忽，亦非自今；结褵以来，有宵靡旦；夜台滋味，谅不如斯；何必紫玉成烟，白花飞蝶，乃谓之死哉！

五　小青自我恋之病源论

小青自我恋之事实问题，姑认为已经解决。然如此事实果缘何发生？请就可稽之零星片段，略作病源学上之讨论。

言病源学不出遗传与环境二大范围。精神分析论之病源论尤重视幼年之环境，缘当性发育之初期，变态之种因最易也。

---

① 原文如此。疑为韩翃之误。

小青之家世若何，我辈可知者甚有限；故于其生理心理之遗传，不能作直接之考证。小青有老母，有妹名紫云，有弟名阿秦。《虞初新志》本之支《传》称其母尝为女塾师，小青幼随就学，至小青没时尚健在，与阿秦同居扬州，小青《与杨夫人永诀书》中尝存问及之，外此无闻焉。紫云适会稽马髦伯，亦为侧室。与小青颇相似，吴道新尝为之作歌，序中盛称其才，言其精书史，则智力与小青同；又称其达禅宗，且著有诗集，则智力而外，情性亦未尝不同；又称其姿色卓绝，又惜其早没，则姊妹间之形态与体力亦有类似之处。虽寥寥数端，或不无参考之价值也。

小青十岁以前之境遇，我辈所可知者等于零。尝随母读书，但不识系何年龄，谅在十龄前也。十岁时，支《传》称其曾遇老尼，为授心经，琅琅成诵，尼称其早慧。小青之早慧，原不待老尼之评断，后人读其诗文，自然领悟；陆丽京善其诗，竟有西湖人士无可捉刀之语。此一也。小青通禅理，《与杨书》中之慧觉，之达观，皆足以表示之。常人悦佛理，大率在中年以后，小青以妙龄而悦之，则其智力之成熟，必有先人之处。此二也。或曰，小青既蚤悟，何不于失欢之后，即入空门，可省此一番浩劫？对曰，此即是小青慧根独深处。普通女子于一己之情欲生活，秘不一宣，无此自知之明，亦无此率直与胆力也。小青独不然，彼于一己情欲活动之方式，洵如前节所云，觉悟容有未尽，而于其情欲之强烈，则知之深而言之切，故曰"艳思绮语，触绪纷来，正恐莲性虽胎，荷丝难杀"也。试思中国妇女史中与妇女作品中，果有几段类此之文字！非智力发达过人者，又曷克臻此？此三也。

小青与其妹均早没。其妹之死由不详，而小青则半因痨瘵，且自感疾至不起，为时殊不久。小青归冯氏时，年十六，没时年十八；成婚后便病，亦不过二年。然支《传》称其感疾在杨夫人北去之后。今如假定婚姻生活有一年之久，幽居生活亦为一年，与杨夫人往还历时一年有余，跨婚姻与幽居二时期；则小青卧病时期，至多不出半年左右耳。再就小青之作品考之，则为时殊更短促。绝诗第三首有"对影自临春水照"之句，则小音影恋生活最顺利之日，当在春季，彼时谅尚未病。及夏末秋初，则若痨疾已发端，故第七首即提及镜匣生活，且与水芙蓉比拟憔悴之程度焉。杨夫人之北去，必在春初以后，《与杨书》中曾追忆元宵观灯之乐，可为佐证。及秋深，而小青之病亦随之而深，《与杨书》中曰"远笛哀秋"，曰"唧唧蛩声"，皆指秋风垂尽也，斯时之小青，则已"痰灼肺然，见粒而呕"，行将不起矣。以此推之，则小青自病至死，前后不过三四月耳。

小青早没，而其死由半为痨瘵，又死得如是之速；是其智力虽特强，而体力未必佳也。十龄时，有老尼称其"福薄"，如不识字，可三十年活；则其人必自幼清瘦脆弱，不禁风雨，亦可推想而得。然性情上则似甚健全，张潮本之支《传》谓其素娴仪则，又谓其与江东闺彦，日相酬答，随机应变，出人意表，故人人乐与之游；是可见处女时代之小青，实无何等异于常人之癖性。至谓其绰约自好，如出天性，则又若当时已有自我恋之端倪，为日后影恋之张本。然此未可遽定也。

及归冯氏，而形势大变。时小青年仅十六，如以年月之确数论，或尚不及十五。常人以此妙龄，营婚姻生活，已不无问题，况体气脆弱若小青者乎。且冯氏之为人，豪迈有余，温存不足，张潮本支《传》称其"性憨跳不韵"，则恐不止不温存而已。夫以妙龄弱质，委诸"憨跳不韵"富家儿郎之手，其性生活与性心理之不受重大打击者几希矣。所谓"结褵以来，有宵靡旦，夜台滋味，谅不如斯"者，安知不即为不堪性经验之蹂躏而发耶？大妇之淫威，犹其次焉者也。

小青适冯之年龄，性发育本未完全；及受重大之打击，而无以应付，欲性之流乃循发育之途径而倒退，其最大部分至自我恋之段落而中止。嗣后环境愈劣，排遣无方，闭室日甚，卒成影恋之变态。其间步骤亦不无可稽者。设"绰约自好,其天性也"二语确为观察所得之陈述,而非文人信手笔墨,则处女时代之小青已不乏自我恋之印痕,换言之,即当时发育历程中,欲力之流已不无留滞之处。彼时既尝中滞,则今兹之回流尤易易,且即以昔日留滞之地段为归宿。犹之河流,何处河床较深,或河面较广,则回流所至,即以为汇也。此步骤一也。张本支《传》有曰"妇或出游,呼与同舟,遇两堤之驰骑挟弹游冶少年,诸女伴指点谑跃,倏东倏西",小青则"澹然凝坐而已"。曰澹然凝坐,何与未婚前"随变酬答,悉出意表",人人非彼不欢之小青剖若两人耶?与杨夫人于元宵时节,观灯南楼,酒绿灯红之际,小青乃"倚风独盼,恍惚有思",此种情感上之变迁,果何来者?谓其遇人不淑,用深自悼,不能强为欢笑可;谓其已入自我恋之初期,已呈自我恋之症候,又何尝不可?此步骤二也。

六 小青变态心理之余波

小青欲力回流,最大部分以自我恋之段落为汇。其余力则有落后而不达自我恋之段落者,亦有突进而越过自我恋之段落者。不达者入同性恋之段落,突进者则波及母恋之段落。是亦不无可征者。

小青与杨夫人之关系,甚称密切。杨为有夫之妇,情感有所偏注,其关怀小青者或不若小青关怀彼之深。然元宵观灯谐谑,彼此至以"妖娆儿"及"狡鬟"相呼,则二人腻密之程度,亦可想见。在小青方面,殆不无少许同性恋之倾向乎?小青踏青诗有曰:

> 杯酒自浇苏小墓,
> 可知妾是意中人?

(绝诗九之四)

则俨然以苏小之情人自况,同性之相慕,更情见乎辞矣。

小青与其母之感情甚好,《与杨夫人书》中尝一再道及之,并叮咛杨夫人南归时便道存问。又其诗曰：

> 乡心不畏两峰高，
> 昨夜慈亲人梦遥；
> 见说浙江潮有信，
> 浙潮争似广陵潮？

（七绝九之九）

孺慕而至于梦，母女间之关系，或有非寻常孝思二字所可解释者。小青殆亦不无母恋之倾向乎？杨夫人年事长于小青，其夫以小青生年登进士，则以常理推之，所长者或不止三五岁。是则杨夫人不特为小青同性恋倾向之对象，亦且有小青母恋对象之资格矣。《与杨永诀书》中小青怀旧情深，竟有"驰情感往，瞻睇慈云，分燠嘘寒，如依膝下，糜身百体，未足云酬！"之语；曰"慈云"，曰"膝下"，曰粉身无以为报，小青慧性甚深，非寻常女子可比，谅不肯滥情浪墨至此。恐亦母恋倾向之暗示使然也。精神分析派论欲力外展，遇有障碍，则有"移花接木"之权宜方法，名曰移接（transference）。小青老母既远在扬州，则其移花接木，以杨夫人为母恋之对象，亦是情理内事。

或曰，福洛伊德与其徒称母恋只适用于母子之间，至女子则以其父为对象；小青女子，而亦母恋何也？殊不知性发育未达异性恋之段落时，两性之分，尚在不自觉或半自觉之范围以内：同性恋之不择异性，自无待言；自我恋之不择异性，更不待言；而谓发育最先几及之母恋反斤斤于异性对象之挑剔耶？然则母恋之亦可为母女恋，无待多辩也。

影恋为自我恋之登峰造极，足以坐实小青之自我恋而有余，已无烦再赘。然影恋而外，尚有一二不甚重要之症候，足征其自我恋之存在者。福洛伊德尝谓患夸大狂（paranoia）者每有自我恋之根柢。夸大狂之特色二：曰自大，曰猜疑。小青之精神拗戾，尚不至于癫狂程度，且其一般之自觉力亦不弱，亦不能到此地步。然夸大与猜疑之心理或行为，则亦非绝对无有。

观小青诗文，喜与历史人物相比拟，甚至自认为蔡琰、王嫱之续。此可为自大之证者一也。诗人以一己名字入诗句，甚不多觏，偶一见之，亦或用别名，或用官职；而小青诗中乃有"不独伤心是小青""小青又续风流债"等句，既与一般诗格不合，且亦不类寻常女子口吻。此可为自大心理之证者二也。小青诗又有"新妆竟与画图争，知在昭阳第几名"之句；《与杨夫人书》结尾处自称"玉腕珠颜，行就尘土"，而不胜其凄怆怛悼；此皆自美之辞，可为自大之证者三也。至猜疑一端，似亦不无左证。大妇妒小青虽甚，遇小青虽劣，然窃疑其决不能如小青形容之甚。小青移居孤山后，冯生"即不甚相顾"，大妇至此而犹妒，岂非无的放矢？且纵"奇妒"，谅不至必置小青于死而后快。小青病中，掷药不饮，有"吾纵不愿入世，亦当以净体皈依，作刘安鸡犬，宁以一杯鸩断送"之语，此由大妇妒心促成者固半，恐由小青疑心促成者亦半也。

自大与猜疑二种心态，骤视之若与自我恋不甚相干；实则无此二者，自我恋即难成立。何以言之？自我恋者之自大，非真自大也，大其对象也。其自誉，非真自誉也，誉其对象也。其猜疑人，非真惧人之损己，惧人之伤及其对象也。恋爱者之对象不同，而其爱护之无微不至则一。自我恋者之对象不幸而为自我，他人不知其有对象，更不识其对象之所在；而以自大与多疑之罪名归之，强其负责，不亦诬哉！

余 论

余论一 （女子生活与性心理变态）

小青故事，江浙间观人风者具能道之。小家碧玉，遽因境遇之离奇，有人为之作传，为之修墓，好事者并演为传奇；至今三百余年，而沪杭两地之歌台舞榭尚有编排之为新剧者：诚不可谓非韵事矣。

顾自来境过离奇之女子多矣；骚人墨客，播诸声诗，里巷辗传，家弦户诵，抑又何时何地无之？而不佞必欲以小青为探讨之资料者何也？容不佞申言之，作余论一。

自来我国社会对于女子之态度，读者知之谂矣。一言以蔽之曰：不谅解。教育阶级中，拘泥之道学家以女子为不祥，佻达之文学家以女子为玩物；即女子自身，亦不惜以不祥之物可玩之物自贬；一般社会之视听评论更不足道矣。一弱女子不幸而生长其间，偶有先天健可，发育得宜，合乎常态者，终至于反常变态，因而拗戾以死，其先天孱弱，发育失常者，尤不待论，弥可哀已。不佞尝就清代女子词选作一浅近之观察，觉中国女子之体力脆弱，精神郁结者，为数必大，而智识阶级中之女子为尤甚。此其原因大都与性生理或性心理之不能自然发展有密切关系。至其程度较深之种种欲性乖戾，非因迹近秽亵，不能形诸笔墨，即因病态心理之原委复杂，为前人眼光所不及，十九未能见诸载籍；然取精神郁结状态之普遍而类推之，其数亦不在小。然则数千年来，"无端"淹忽之中国女子亦更仆难数矣；小青不过沧海之一粟耳。

小青不得当时社会之谅解，不佞前已申言之。或曰，小青生前固无福，然死后荣哀，传为佳话，至今孤山一抔土，过之者犹俳徊不忍去，谓非谅解不可也。虽然，此为同情心所激发，与谅解无干。哀其遇者未必知其心，谬以同情为谅解，从而为之说辞，斯为不谅解之尤；以前为女子铺张扬厉者，大都有此通病。陈文述重修西湖三女士墓，一时歌咏纷纭，湖山为之生色，何尝不是盛举？然一部《兰因集》，绳以今日之眼光，并无一句中肯语；九京之下，小青有知，殆未必减其镜潮镜汐也；谅解云乎哉？陈氏《小青墓志》有曰"三更明月，错认前身；一树琼花，自怜小影"，颇若猜出小青心病然；实则自昔文人舞墨，捉影捕风，故作虚无缥渺之语，以自诩为解人者，所在而是。陈氏之文，又曷足贵，读其墓志之全文而可知。至今墓亭楹联作"贞心洵若孤山静"，以贞心许小青，尤唐突不堪问矣。

女子不蒙社会谅解，而自身又不知如何调节，如何排遣，此尤可悲者也。自来年长待字之女子，或已嫁而遇人不淑，或已嫁而早寡之妇女，有病癫者矣，有病痨或其他虚弱之症者矣。邻里传语曰：某姓女或某姓妇病癫或病痨死矣。果耶？则病者死者不能自白，旁观者更无由知之。试究其实，则性生活之愆期，缺乏，不适当，以致欲流淤积，神经错乱，精血衰弱，初未必为真正之癫病或结核性之痨症也。小青之半因痨死，我辈固不能置疑。然变态心理与痨症有密切关系，精神病学者往往道及之，小青而无自我恋之变态生活，则痨疾或不能乘之，即乘之，亦不能如是之速其死也。女子有性的隐忧，或隐疾，大率讳而不言，非不欲言，无言之之觉力与毅力耳。小青《与杨夫人书》，力陈不能入禅门之故，其觉力与毅力已有足多者。以小青之觉力与毅力，尤不免侘傺以死，则无之者之生活不更将惨痛乎？

至如何纠正此种危局，则方法虽多，不在本篇范围之内，不能缕述。改造社会对于欲性及性发育之观念，实为目前当务之急。观念既趋正轨，然后性教育之推行得所指引，而适度之男女社交亦可实施而无危害。为父母者，去其溺爱，则母恋中滞之现象即可随之减杀。发育期内，女子之有自我恋之倾向者，大率因深居简出，又绝少闺中良伴，至欲力之流，日趋淤塞；其行动略较自由，交友范围略较扩大者，又多流入同性恋一途；是亦欲流之中滞为之。是以女子教育兴，而自我恋之机绝，男女交际之机会扩大，而同性恋之风衰。同一欲力活动，同一须有活动之对象，由自身而同性而异性，亦即由可能的变态而归于常态；是则社会之欲性观与性发育观革新后必然之效也。

余论二　（自我恋与婚姻选择）

本论第三节中尝谓自我恋为一普通之现象，今请申言之，以实我余论二。

顾影自怜者不乏自我恋之依据，固属显而易见。然亦有循行异性恋之方式，而其精神则完全未脱自我恋者；此则为常人所不觉察。即觉察之，亦但知其为特殊，而不知其为变态；不特不知其为变态，且以为难能可贵焉。

未婚之青年男女，试与言择偶问题，每曰，非理想之妻不娶，或非理想之夫不嫁；即，为其偶者必合其心目中之若干理想的条件，否则宁阙无滥，宁为玉碎，不为瓦全。未几，某君与某女士，或某女士与某君，果以往还、论交、订婚闻矣；试就而询之，则其所论交而订婚者果适符所愿之人物也。设一方略有文学之意趣者，则必发为诗歌，满幅皆为赞颂之辞；设不能者，亦必强为之，或与人津津道之不衰，一以美其所欢，一以自鸣得意。我辈读其文辞闻其称道者固深艳羡之，然同时未尝不疑何以世间理想之佳偶若是之多。

即以形态之美而论，试观而验之，则吾见犹怜者固时遇之，而姿首平庸，或不堪卒睹，或竟奇丑令人作呕者，亦复不少。常人不明其所以然，仅仅以"情人眼里出西施"七字了之，不加深究。使略有学识者解释之，则曰，美感虽不无客观之标准，而主观之成分亦有之，其多寡因人而异。然以我辈观之，所谓主观者，亦不免失之姑且推诿，而未尝解释之也。

自自我恋之说出，此种不可究诘之"主观"程度乃迎刃而解。夫理想者无他，自我之推也。何以言之？我人因实际生活之不洽意，往往假一己之意象为之修正，为之翻改；修正翻改后之事物，虽无客观之真实，而在其人心目中，其不失为一种有体积之对象，其不失为一种刺激，足以引起反动，则初无二致。且因其为一己之"创作"，其人必从而爱之，护之，发扬光大之，唯恐不力。此种心理状态，在青年时代为多，至壮年或老年，与实际生活之接触日多，青年时一气呵成之空中楼阁乃风流云散；所谓往事如梦境者，壮年视之若梦境，当初固不无心理之真实也。

若是之心态之适用于文艺者，最显而易见。若适用于思想，则成种种玄学观念。若适用于社会改革，则其产果即为各色之乌托邦或各种臆断之主义。一人宝其哲学理想，若其第二生命者，初看殊不易索解，然理想既为自我之推，而一人对其自我又未尝不能发生恋爱，则其以第二生命视理想，理有固然也。

至此种心态与恋爱生活之关系，则解释尤易。青年人之于其情人，当其未得之也，则拟为种种高远之条件而加以景仰；既得而察之，则竟无一事不合其所理想者；于是移其崇拜理想之心崇拜其情人。然自旁人观之，觉其情人殊无崇拜之价值，于是乃疑其所崇拜者，名则为情人，实则始终为其人自我所创造之理想，亦即其人自我之推广；所不同者，即自得一异性之人物，其理想乃有所附丽；从此理想之魔力，有若鬼附人身而作威福之语，非被附者之自语也。

一人因自我恋之推广，每为其"情人"铺张扬厉，若此之现象精神分析论者称之曰性的过誉（sexual over-estimation）。不察者以性的过誉为足征恋爱之热烈，从而揄扬之；殊不知热烈即为冷酷之先声，近代婚姻问题之日趋紊乱者，局部亦此种热烈之恋爱为之也。何以见之？夫异性之对象为一事，自我之理想又为一事；如一人之心目中，始终认二事为一事，即后者始终以前者为附丽之物，则婚姻生活，未尝不可维持于不败。然而未能也。自我恋者，如因变态之程度日深，以至于不治，则若小青然；不然者，其程度必有减杀之一日。其人年事日长，实际生活之经验日富，其顺应之能力日强，而其性心理日归于常态：于是其向所崇拜之理想乃日即于消散！主观之蒙蔽既除，客观之觉力即有用武之地；一旦如梦方觉，顿识其情人之本来面目——而失望随之矣！若其人觉力特强，耐性独厚，则亦安之，甚或从客观方面体会其共同生活者之优点，而于婚姻生活力图更始；不然者则有力者诉诸离异，无力者必致勃豀时闻，夫妇形同陌路矣。当日之崇拜愈深，用情愈热烈，则此日之失望愈甚，是势所必至者也。

附录一

小青之作品

古诗一首

雪意阁云云不流，
旧云竟压新云头。
米颠颠笔落窗外；
松岚秀处当我楼。
垂帘只愁好景少，
卷帘又怕风缭绕；
帘卷帘垂底事难？
不情不绪谁能晓？
炉烟渐瘦剪声小；
又是孤鸿唳悄悄！

七绝九首

（一）

稽首慈云大士前：
莫生西土莫生天；
愿将一滴杨枝水，

化作人间并蒂莲。

（二）

春衫血泪点轻纱，
吹入林逋处士家；
岭上梅花三百树，
一时应变杜鹃花。

（三）

新妆竟与画图争，
知在昭阳第几名？
瘦影自临春水照，
卿须怜我我怜卿。

（四）

西陵芳草骑辚辚，
内信传来唤踏青；
杯酒自浇苏小墓，
可知妾是意中人？

（五）

冷雨幽窗不可听，
挑灯闲看《牡丹亭》；
人间亦有痴于我，
不独伤心是小青！

（六）

何处双禽集画栏，
朱朱翠翠似青鸾？
如今几个怜文彩？
也向西风斗羽翰！

（七）

脉脉溶溶滟滟波，

芙蓉睡醒欲如何？

妾映镜中花映水，

不知秋思落谁多。

（八）

盈盈金谷女班头，

一曲骊歌众伎收；

直得楼前身一死，

季伦原是解风流！

（九）

乡心不畏两峰高，

昨夜慈亲入梦遥；

见说浙江潮有信，

浙潮争似广陵潮？

寄杨夫人诗①

百结回肠写泪痕，

重来惟有旧朱门；

夕阳一片桃花影，

知是亭亭倩女魂。

词一首　天仙子

文姬远嫁，昭君塞，

小青又续——风流债；

也亏一阵黑罡风，

火轮下，

抽身快；

---

① 本在《与杨夫人永诀书》后，因体例关系，移录于此。

161

单单另另清凉界。

原不是，鸳鸯一派，
休猜做，相思一概；
自思，自解，自商量：
心可在？
魂可在？
着衫又捻裙双带！

衬花钿纸上句

（稿残）

听尽恹恹春夜雨，
无多也，
只得一半功夫。
……

与杨夫人永诀书

元元顿首，沥血致启夫人台座下：

关头祖帐，迥隔人天；官舍良辰，当非寂度；驰情感往，瞻睇慈云，分燠嘘寒，如依膝下，縻身百体，未足云酬。姊姊姨姨无恙。

犹忆南楼元宵，看灯谐谑。姨指画屏中一凭栏女郎曰："是妖娆儿倚风独盼，恍惚有思，当是阿青。"妾亦笑指一姬曰："此执拂狡鬟，偷近郎侧，毋乃似姊？"于是角采寻欢，缠绵彻曙；宁复知风流云散，复有今日乎！

往者仙槎北渡，断梗南楼，狺语哮声，日焉三至。渐乃微词含吐，亦如尊旨云云：窃揆鄙衷，未见其可。夫屠肆婆心，卧狸悲鼠，此直快其换马，不即辱以当垆。去则弱絮风中，住则幽兰霜里，兰因絮果，现业谁深？若使祝发空门，洗妆浣虑，而艳思绮语，触绪纷来，正恐莲性虽胎，荷丝难杀：又未易言此也。

　　乃至远笛哀秋，孤灯听雨，雨残笛歇，唧唧蛩声；罗衣压肌，镜无干影，朝泪镜潮，夕泪镜汐。今兹鸡骨，殆复难支，痰灼肺然，见粒而呕；错情易意，悦憎不驯。老母姊弟，天涯问绝。呜呼！未知生乐，焉知死悲？憸促欢淹，毋乃非达？至其沦忽，亦非自今，结褵以来，有宵靡旦，夜台滋味，谅不如斯；何必紫玉成烟，白花飞蝶，乃谓之死哉！

　　或轩车南旋，驻节维扬，老母惠存，如妾所受；阿泰可念，幸终垂悯。畴昔珍赠，悉令见殉：瑶钿绣衣，福心所赐，可以超轮小劫耳。小六娘先期相俟，不忧无伴。附呈一绝，亦是鸟死鸣哀。其拙集小像，托陈姬好藏，觅便驰寄；身不自保，何有于零膏冷翠乎！他时放船堤畔，探梅山中，开我西阁门，坐我绿阴床，彷生平之响像，见空帷之寂飔，是耶非耶，其人斯在。

　　嗟乎夫人，明冥异路，从此永辞，玉腕珠颜，行就尘土；兴言及此，恸也何如！

元元叩首叩首上

小青作品勘异

　　本篇中小青作品，十九自陈文述《兰因集》转录；张潮《虞初新志》中亦载有小青《焚余》草之全部，惟字句间略有出入，并录于下：

古诗——第九句,"炉烟"作"垆烟"。

七绝九首——

　　第一首,"化作"作"洒作";张岱《西湖梦寻》作"灑作"。

　　第四首,"内信"作"内使"。

　　第五首,"不独"作"岂独"。

　　第八首,"金谷"作"金玉"。

　　又,"骊歌"作"骊珠"。

寄杨夫人绝句——《兰因集》中支《传》后无此绝句,仅见《虞初新志》。

词《天仙子》——

　　上阕末句,"单单另另"作"单单别别"。

　　下阕第二句,"猜做"作"算做"。

《与杨夫人永诀书》——

　　"元元顿首……座下",据《虞初新志》本补。

　　第一节,"姊姊"作"娣娣"。

　　第二节,"元宵"作"元夜"。

　　　　又,"毋乃似姊"作"毋乃似娣"。

　　　　又,"于是"作"于时"。

　　　　又,末句,"复有"作"遂有"。

　　第三节,"婆心"作"菩心"。

　　　　又,"卧狸"作"饿狸"。

　　第四节,"唧唧蛩声"作"谡谡松声"。

　　　　又,"朝泪"作"晨泪"。

　　　　又,"姊弟"作"娣弟"。

　　　　又,"问绝"作"间绝"。

　　　　又,"鸣呼"作"嗟乎"。

　　　　又,"毋乃"作"无乃"。

又,"毋乃非达"句后,张山来本中尚多数句:"妾少受天颖,机警灵速;丰兹啬彼,理讵能双?然而神爽有期,故未应寂寂也"。

第五节,"所受"作"之受"。

又,"瑶钿"作"宝钿"。

又,"福心"作"福星"。

又,"小六娘"句首尚有"然"字。

又,"鸟死"作"鸟语"。

又,"拙集"作"诗集"。

又,"堤畔"作"堤下"。

又,"彷生平之响像"作"彷生平于响像"。

第末节,"从此永辞"作"永从此辞"。

"元元叩首叩首上",据张山来本补。

附录二

女子作品与精神郁结

如今猜透:

春愁离恨总是词人分。

——清女词人李道清《青玉案词》句

读女子作品,每讶其辞意之消极,而未敢必其消极之程度也。五年前①偶见近人毕振达选钞之清代女子诗余,题曰《销魂词》,都九十五家,为词二百三十四首。每阅一首,辄录其意涉消极之字或名词,并志其所见之频数。为便于参考计,复归纳之为(一)刺激,(二)有机状态,(三)情绪状态,(四)反动与行为四类。

---

① 指1922年。

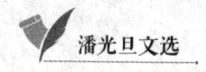

（一）刺激

$$\begin{matrix}空\quad 虚\\ 天\quad 涯\\ 深\quad 院\end{matrix}\Bigg\} \begin{matrix}\cdots\cdots 27\\ \cdots\cdots 24\\ \cdots\cdots 11\end{matrix}$$

$\left.\begin{matrix}更深\quad 宵\quad 暝\quad 夜\\ 晚\quad 莫\quad 黄昏\end{matrix}\right\}\cdots\cdots 124$

凉 冷 寒·················85

$\left.\begin{matrix}落日\quad 斜曛\quad 斜晖\\ 夕阳\quad 斜阳\end{matrix}\right\}\cdots\cdots 24$

$\left\{\begin{matrix}花谢\ 落花\ 落叶\cdots\cdots 56\\ 飞絮\cdots\cdots\cdots\cdots\cdots\cdots 28\\ 游丝\cdots\cdots\cdots\cdots\cdots\cdots 55\end{matrix}\right.$

$\left\{\begin{matrix}梦\quad 梦魂\cdots\cdots\cdots\cdots 99\\ 影\cdots\cdots\cdots\cdots\cdots\cdots\cdots 51\\ 痕\cdots\cdots\cdots\cdots\cdots\cdots\cdots 25\end{matrix}\right.$

$\left\{\begin{matrix}烟\cdots\cdots\cdots\cdots\cdots\cdots 41\\ 灰\cdots\cdots\cdots\cdots\cdots\cdots\cdots 7\\ 烬\cdots\cdots\cdots\cdots\cdots\cdots\cdots 5\end{matrix}\right.$

$\left\{\begin{matrix}难\cdots\cdots\cdots\cdots\cdots\cdots 45\\ 结\ 塞\cdots\cdots\cdots\cdots\cdots 3\end{matrix}\right.$

$\left\{\begin{matrix}终\ 尽\cdots\cdots\cdots\cdots\cdots 27\\ 绝\ 罢\ 歇\cdots\cdots\cdots\cdots 8\end{matrix}\right.$

$\left\{\begin{matrix}残\cdots\cdots\cdots\cdots\cdots\cdots 41\\ 破\ 断\cdots\cdots\cdots\cdots\cdots 28\\ 乱\cdots\cdots\cdots\cdots\cdots\cdots 12\end{matrix}\right.$

剩 余·················11

零 碎··················9

坠 落·················17

$$\left\{\begin{array}{l}消\quad 销\cdots\cdots\cdots\cdots\cdots\cdots\cdots\cdots\cdots\cdots\cdots\cdots\cdots 17\\ 淡\quad 澹\cdots\cdots\cdots\cdots\cdots\cdots\cdots\cdots\cdots\cdots\cdots\cdots\cdots 15\\ 褪\cdots\cdots\cdots\cdots\cdots\cdots\cdots\cdots\cdots\cdots\cdots\cdots\cdots\cdots\cdots\cdots 6\\ 减\cdots\cdots\cdots\cdots\cdots\cdots\cdots\cdots\cdots\cdots\cdots\cdots\cdots\cdots\cdots\cdots 6\end{array}\right.$$

$$\left\{\begin{array}{l}凄清\quad 凄切\quad 凄凉\cdots\cdots\cdots\cdots\cdots\cdots\cdots\cdots 27\\ \left.\begin{array}{l}萧条\quad 寥\quad 寂\\ 岑寂\quad 寂寞\end{array}\right\}\cdots\cdots\cdots\cdots\cdots\cdots\cdots\cdots 20\end{array}\right.$$

共···914

（二）有机状态

$$\left\{\begin{array}{l}慵\quad 懒\cdots\cdots\cdots\cdots\cdots\cdots\cdots\cdots\cdots\cdots\cdots\cdots\cdots 23\\ 困\cdots\cdots\cdots\cdots\cdots\cdots\cdots\cdots\cdots\cdots\cdots\cdots\cdots\cdots\cdots\cdots 5\\ 倦\cdots\cdots\cdots\cdots\cdots\cdots\cdots\cdots\cdots\cdots\cdots\cdots\cdots\cdots\cdots\cdots 4\end{array}\right.$$

$$\left\{\begin{array}{l}奈何\quad 无计\quad 无奈\cdots\cdots\cdots\cdots\cdots\cdots\cdots\cdots 19\\ 无力\quad 软\quad 弱\cdots\cdots\cdots\cdots\cdots\cdots\cdots\cdots\cdots\cdots 16\\ \left.\begin{array}{l}不禁\quad 不胜\\ 难禁\quad 禁得\end{array}\right\}\cdots\cdots\cdots\cdots\cdots\cdots\cdots\cdots 11\\ \left.\begin{array}{l}不堪\quad 何堪\\ 那堪\quad 可堪\end{array}\right\}\cdots\cdots\cdots\cdots\cdots\cdots\cdots\cdots 11\\ 无赖\quad 无聊\cdots\cdots\cdots\cdots\cdots\cdots\cdots\cdots\cdots\cdots\cdots 9\end{array}\right.$$

$$\left\{\begin{array}{l}瘦\quad 小\cdots\cdots\cdots\cdots\cdots\cdots\cdots\cdots\cdots\cdots\cdots\cdots\cdots 30\\ 病\cdots\cdots\cdots\cdots\cdots\cdots\cdots\cdots\cdots\cdots\cdots\cdots\cdots\cdots\cdots 25\\ 憔悴\cdots\cdots\cdots\cdots\cdots\cdots\cdots\cdots\cdots\cdots\cdots\cdots\cdots\cdots 11\\ 恹恹\cdots\cdots\cdots\cdots\cdots\cdots\cdots\cdots\cdots\cdots\cdots\cdots\cdots\cdots\cdots 3\end{array}\right.$$

共···167

（三）情绪状态

愁···112

可怜 惜 ···	46
恼 嫌 憎 } 厌 怨 恨 ······································	56
怯怯 怕 ···	30
销魂 ··	30
断肠 肠断 ···	28
别情 离绪 ···	27
痛 伤 ···	20
共 ···	349

（四）反动与行为

泣 哭 啼 潸潸 } 哝 ····································	58
咽 ···	5
蹙 颦 ···	9
俛 俯 垂 ··	20
无言 不语 ···	11
去 ···	46
抛撒 抛 ··	9
飘零 飘泊 ···	6
锁门 掩门 闭门 ··································	16
掩闺 掩窗 } 掩屏 闭帘栊 ································	10
共 ···	190
总计 ···	1620

词凡二百三十四首，以二三四首除一六二〇，则平均每首得六点九字，约七字。如以四类字分别除之，则刺激类平均每首得三点九字；有机状态类平均每首得〇点七字，或每一点四首有一字；

情绪状态类平均每首得一点五字；反动与行为类平均每首得〇点八字，或每一点二首有一字。

二百三十余首词中，意义消极之字竟在一千六百以上，不可谓不多矣。其所以多者，可有数说。其一为不佞之成见。不佞之翻阅《销魂词》，意欲坐实中国女子郁结状态之普遍，故但知摘录与郁结状态有关之字，其他则不在注意范围之内；若与全般以公允之观察，安知春夏气之字不较秋冬气者为多乎？虽然，词调之最短者十余字，最长者约二百四十字，填词者大都取用较短之词调，大约以六七十字左右者为最通用；今案头无《销魂词》原书，否则当为之一计字数；无已，姑假定每首平均字数为七十，当无大误。然则每七十字中而有意义消极之字六点九，即约得十分之一，亦即不可谓少矣。

第二说为选词者之成见。选词者或为意态消极之人，其选词也，难免不受此种意态之支配；安知未入选之作品，不多辞气积极者乎？不佞不知选词者为何如人，对此自不能解答。虽然，李道清词不云乎"春愁离恨，总是词人分"？春愁离恨，是词人分，恐亦是选词人分；其以"销魂"名其选本者，非无以也。

第三说为作词者之体气虚弱与精神郁结。唯其体气虚弱，故平时每觉"慵""懒""困""倦"。及遇有比较强烈之刺激，即觉"不胜""不禁""不堪""无奈""无计"。甚者且"恹恹"成"病"，而"瘦"比黄花也。唯其体气虚弱，精神郁结，故其应付环境中之刺激时，有特殊之选择；若者宜容受，若者宜避免，其有机状态每预为之地。刺激有属空间者，有属时间者，有属气候者，有属天然景物者，有属事物之动静状态者；要唯消极者是受。又唯其生理与心理状态之特殊，故其发为情感与反动亦多消沉闭室：一个愁字多至一百十余起，即平均每二首必有一字；啼、哭等字凡五十八起，平均每四首必有一字；而锁门、掩闺、闭帘拢等几成词人日常生活中富有意味之活动，则尤可注意者也。

女词人精神生活之不积极，局部或为我华种族之体质使然。

西人谓中国人生理的消长作用较欧西各族为平和，即身体热力之聚散率较他族为迟缓。约二三年前，有留学美国之中国女士数人，尝在波士顿附近之某研究机关受代谢率之测验，结果确定其为较欧美女子者为低。然此为种族生理之常态，不足以完全解释词人之精神状态也。又人有出性消极或悲观者，词家或不无如此出性之人；但决不能九十余家悉数如此，至多不过其一部分耳。性发育与性生活之愆期、缺陷与不适当，或可与我辈以比较概括之解释，其议论大要，已见《小青之分析》本论中，不再赘。

附录三

绛县陈玉秀诗

草《小青之分析》稿既竟，偶翻《山右诗存》，见有绛县陈玉秀女士题自写小照诗四裁句，颇涉与小青有同病之嫌。亟录之以供参考。

闺中无处寄愁思，
点染春容学画师；
无限衷情描不尽，
几番相对泪参差。

蒸霞满树落胭脂，
仿佛桃源境在兹；
最是一番肠断处：
淡妆无语背人时！

苔痕踏遍步难移，
何处东风拂面吹？

> 小立阶除春寂寂,
> 可怜形影自相随!

> 轻绡一幅展蛾眉,
> 疑自妆台镜里窥;
> 谁识红颜真面目?
> 只今惆怅写新诗。

第一首中之"几番相对泪参差",第三首中之"可怜形影自相随",第四首中之"疑是妆台镜里窥;谁识红颜真面目?"等句皆不无启人疑虑之处。作者诗才虽不若小青,而气息之相似亦有可言者。

《山右诗存》称女士为候补通判贾某侧室;工诗善琴;殁时年二十四;诗草散佚,上引四章系从画轴录取云。

霭理士的性教育观

《性的教育》代序

谁都承认性是当代许多重大问题里的一个，也谁都承认霭理士（Havelock Ellis）是对于这个问题研究得最渊博、最细到，也是最有健全的见地的一个人。他的《性心理研究丛录》，到一九一〇年为止，一共出了六集，他几乎把性心理的各方面都已包举在内了。但霭氏犹以为未足，以后又陆续有些新的研究文字发表，到一九二八年，归纳为一个第七集。这七大集里的笔墨，都是直接以性的题目做对象的，其他比较间接的作品还多，其中有科学的研究，如《男与女》（*Man and Woman*），有艺术的欣赏，如《生命之舞》（*The Dance of Life*），也有问题的讨论，如《社会卫生工作》（*The Task of Social Hygiene*），旨趣虽殊，其中心一贯的思想则一，就是，性与人生。

《性心理研究丛录》的第六集的总题是《性与社会的关系》，其中包括《母与子》《性的教育》《性教育与裸体》《性爱的估值》《贞操的功用》《禁欲问题》《娼妓》《花柳病的征服》《性道德》《婚姻》《爱的艺术》《生殖的科学》等十二个分题。本书便是第三分题——性的教育——的译文。在各分题中，自然要推它为最基本，与青年生活的关系，也最较密切，所以我拿它做一个最初的尝试，倘若成功，当进而选择其他的分题。

译书信、达、雅三原则中，我自问信与达两原则还能勉强做到，雅则不敢自信。惟普通读者所痛恨的欧化语体，则曾竭力设法避免，间有不能避免的地方，则亦必斟酌损益，务使减少它的生硬与琐碎的程度。原文本自成一章，不分细段，兹根据它在篇首所列的纲要，改订为二十五节。原文用大小不同的两种字模排印，讨论原则的部分用"十号"，铺叙事实或证据的部分则用"八号"；今译文中也维持这种分别，前者用四号，后者则用五号。附注三种："原注"是原文中大字部分的注；"小注"是原文中小字部分的注；译注则由译者酌加。

现在要就原文的内容和价值说几句话。

任何一本讨论问题的书总有它的时间和空间的限制，本书当然不是一个例外。就时间而论，从最初在美国出版以至今日，它已经有二十四年的历史。二十四年前的资料，到今日当然有一部分已经不很适用，例如，叙"性教育的书籍"的第九节，就空间而论，一本在英国写、在美国印的书，移到中国来读，即使假定民族文化之间没有多大的歧异，已不能期望它完全适用，何况民族文化之间确乎有许多不同之点，而目前的题目又不是别的，而是变化万端的性的题目呢？

这空间上的限制，亦即文化背景的限制，是最显明不过的。原始民族对于性的看法，总是很健全的。文化发达以后，此种健全的程度，便有减少的倾向，但也不一定，例如希腊的文化与罗马初期的文化。中国也是很好的一例。文化的发达一定得转个弯，把人类自身的重心与自身的福利看模糊了，健全的看法才会一变而为病态的看法。例如基督教发达以后的西洋文化。中国文化，在佛教东来以后，也几乎步西洋文化的后尘，我们在篇末译注里所引的那一首达摩禅师的《皮囊歌》，就十足代表着一种病态的看法，后世善书里所刊行的种种"戒淫"文字，便十九是这种看法的推演，或至少采用此种看法，把它当作"淫"所以不得不戒的一大理由。但是就大体而论，在中国文化里，这种看法究竟是外铄的，不是固有的。我们心目中的性，始终是一种现象、一个事实，从来既没有把它捧上三十三重天，也没有把它推下十八层地狱。我们应付性生活的原则，始终是一个"节"字，一面固然反对纵欲，一面却也从没有主张过禁欲。淫字的原意之一便是"溢出""过甚""失当"，所以久雨而溢，叫做"淫雨"（《礼记》）；执法过度，叫做"淫刑"（《左传》）；滥施思惠，叫做"淫惠"（《申鉴》）。两性之间的关系，自然也不是例外，所以"不能以礼化"（《诗序》）的结合，便叫做"淫奔"，所谓礼，所指也就是分寸与节制的原则。就是后世的戒淫文字，虽则夹杂上一些释氏臭皮囊的看法与因缘果报的宗教笔墨，究其极，也不过志在劝人安于婚姻生活罢了。至于根本以性为秽恶、以性行为为罪过的态度，终究是没有。

我们在性教育的方面，不用说，也是向来没有什么设施的。但因为我们传统的对于性生活的态度还算健全，真正可以阻碍性知识的获得与性发育的自然的势力，倒也很少。做男子的，在这方面，七拼八凑的，总可以取得一些将就得过的准备，是可以无疑的；做女子的，至少在出嫁的前夕，总可以从母亲那边知道一些婚姻生活的实际与意义。我们虽不明白地指导子女，我们却也并不对他们一味地缄默、特别地掩饰，到不能缄默与掩饰时，便满嘴地撒谎。在这种比较任其自然与不干涉的局面之下，我们的性生活虽未必圆满，但性的变态心理与变态行为也似乎并不多见。德国性心理学家希尔虚弗尔德（Magnus Hirschfeld）三年前到中国来演讲，也就注意到这一点，并且曾经说过几句赞许的话。

在西洋，情形可就不同了。因为他们所见的性是龌龊的，所见的性行为是有罪的，于是便不能没有"缄默的政策"，不能没有"造作的神秘主义"，不能没有"伪善的贞洁观念"。于是对于婴儿的由来，大家不能不说谜话，让儿童自己去摸索；对于婚姻生活的究竟，大家更不能不守口如瓶，让女儿自己去碰运气。于是在上级的社会里，连一个腿字都不能说；在男女杂沓的场合里，身体可以半裸，可以有种种皮里阳秋的诱惑挑逗，但若裤子上撕破了指头大的一块，全场空气，便可以突然黯淡起来。这种精神生活上的自作自受的禁锢与自甘下流，在最近四五十年之间，虽已经减轻不少，但依然时常可以遇到。霭氏这篇文章，一半是以解放、澄清做职志的，所以有很大的一部分是消极的清道夫的工作。对于中国的读者，这一部分虽不无相当的趣味，可作海国奇谈读，但并非必要。

然则这本小书的价值又在那里呢？我在上文说过，中国人对于性的看法不过是大体上比较的健全而已，若就其细节目而言，则不健全的地方正复不少。这些不健全处便须纠正。此其一。自西风东渐，西洋文化中的糟粕，包括旧的性观念在内，也成为输入品的一部分，而竭诚接受它的也大有人在。一部分的基督教的信徒就在其内。对于这些人，这本小书也自有它的贡献。此其二。这还都是消极一方面的话，若就积极的价值而言，它终究是一篇专论性教育的文字，于清除粪秽、摧枯拉朽之外，毕竟大部分是建设的笔墨。这种建设的笔墨却是我们向来所没有的。此其三。

这种建设的笔墨中间，也有好几点是值得在这里特别提出的。第一，性的教育原应包括性与人生关系的全部。所谓全部，至少可以分做三部分，一是性与个人，二是性与社会，三是性与种族。坊间流行的性教育书籍，大率只讨论性与个人卫生和关系，最多也不过因为花柳病的可惧，勉强把社会生活也略略提到罢了。霭氏便不然。他是各部分都顾到的，我在此不必举例，这种能抓住问题的全部的精神，也绝不是一二单独的例子所能充分地传达，总得让读者自己去随在理会。第二，在霭氏心目中，性教育的施教方法也是和生活的全部打成一片的。教育家说，生活就是教育，社会就是学校；霭氏对于性教育也有同样的见地；所以家庭里的母亲与学校里的教师而外，医师有医师的责任，牧师有牧师的贡献；自然历史的训练而外，文学可以助启发，艺术可以供观摩。必也全部的社会与文化生活能导人于了解、尊重与欣赏性的现象与经验之域，性的教育才算到达了它的鹄的，否则还是片段的、偏激的、畸形而不健全的。霭氏之所以不斤斤于教授方法的细节目,所以十分信任儿童在发育时代那种天然纯洁的心理与自动的能力,所以主张做母亲的人但须有正确的观念、光明的态度、坦白的语气,以激发儿童的信托之心,而无须乎多大专门的知识——原因也在于此。第三,霭氏于一般的启发功夫之外,又主张在青春期开始以后,举行一种所谓诱掖的仪式,使青年的新发于硎的心理生活可以自动地控制与调节它的含苞乍放的生理生活,而无须乎外界的制裁。他说:"我们总得明了,'春机发动'中所指的春机,不但指一种新的生理上的力,也指着一种新的精神上的力。……在春机发动期内,理想的世界便自然会在男女青年的面前像春云般地开展出来。审美的神妙的能力、羞恶的本性、克己自制力的天然流露、爱人与不自私的观念、责任的意义、对于诗和艺术的爱好——这些在这时候便都会在一个发育健全、天真未失的男女青年的心灵上,自然呈现……"又说,诱掖的仪式的目的是在"帮助他们,使他们自己可以运用新兴的精神的力量,来制裁新兴的生理的与性的力量"。这种见地与建议真是得未曾有。性教育到此便和伦理教育、宗教教育、艺术教育打了一笔统账,而一个囫囵的人格,便于此奠其始基。这种诱掖的仪式原是健全的原始民族所共有的一种经验,霭氏相信我们不谈性的教育便罢,否则此种民族的经验总有换了方式复活的一天。第四、霭氏一面极言性教育的重要,一面却也深知性教育的限制。凡是谈教育的人,大都以为教育是一种万能的力量,远自中国古代的孟荀,近至哥伦比亚大学师范学院毕业的教育专家,几乎谁都有此笃信。霭氏却是一个例外。他开宗明义,就讨论到遗传与环境的关系。遗传健全的人,固然可因恶劣的教育的阻挠摧残,以致不克充分发展,但对于遗传恶劣的人,就是在性的生理与心理方面,天然便有阙陷的人,良好的教育亦正无能为力。这一层精意他在第一节以外也曾再三地提到。一个人的智慧,应从了解一己的弱点始;教育的功能,也应从从事教育的人明白它的限制始。近年来时常有替性教育的题目过事铺张的人，观此也可以废然思返了。

　　最后，我要把这一本小书作为纪念先父铸禹公（鸿鼎）之用。先父去世二十一年了，因为他去世得早，生前又尽瘁于乡国的事务，对于儿辈的教育没有能多操心，但对于性教育的重要，他是认识得很清楚的。记得有一次，因为有一位世交的朋友有手淫的习惯，他在给我的大哥的信里，便很详细地讨论到这个问题。他曾经从日本带回一本科学的性卫生的书，我在十三岁的时候初次在他的书橱里发现，他就容许我拿来阅读。明知书中叙述的种种，不是我当时的脑力所能完全了解，但他相信也不会发生什么不健全的影响。有时候我们看些有性的成分的小说，他也不加禁止。他当时那种态度，如今追想起来，竟和霭氏在下文第一〇六页上所采取的很有几分相像。显而易见他是一个对于青年有相当信任心的人；他虽不是一个教育专家，他却深知在性的发育上，他们需要的是一些不着痕迹的指引，而绝不是应付盗贼一般的防范与呵斥禁止。

读霭氏《性道德论》后

《性的道德》译本代序

译了《性的教育》以后，进而续译霭氏的《性道德论》，似乎是很合情理的，性教育的效果所及，以个人方面为多，性道德的，则以社会方面为大。性教育是比较现实的，性道德是比较理想的。由个人推而至社会，由现在推而至未来，所以说很合情理。

霭氏的《性道德论》，实在有五根柱石：

一、婚姻自由；

二、女子经济独立；

三、不生育的性结合与社会无干；

四、女子性责任自负自决；

五、性道德的最后对象是子女。

这五根柱石的实质与形式，具详本文，无须重复的介绍。不过它们的价值，不妨在此估量一下。

一、婚姻自由的理论，我想谁都不会持异议。不过有两点应该注意。西洋的婚姻制度，历来受两种势力的束缚，一是宗教，二是法律，这法律的一部分又是从宗教中来，所以束缚的力量是分外的大。唯其如此，霭氏在这方面的议论，便不能不特别的多；好比因为西洋人对于性的现象根本认为龌龊的缘故，他就不能不先做一大番清道夫的工作一样。这是一点。霭氏这里所称的自由，似乎目的端在取消宗教、法律与其他外来的束缚，是很消极的；至于怎样积极地运用自由，使婚姻生活的效果对于个人、对于社会，以至于对种族，可以更加美满，霭氏却没有讨论到。而所谓"积极的运用"里面，往往自身就包含相当客观条件的节制，这一层霭氏也没有理会。自由是应该受客观条件的范围的，否则便等于自放，等于"盲人骑瞎马、夜半临深池"，没有不遭灭顶的惨祸的。霭氏在下文说："往往有很有经验的男子，到选择女子做妻子的时候，便会手不应心、身不由主起来；他最后挑选到的结果未始不是一个很有才貌的女子，但是和他的最初的期望相较，也许会南辕北辙似的丝毫合不拢来。这真是一件奇事，并且是万古常新的奇事"。霭氏写这几句的时候，也许精神分析派的心理学说还不大发达，从这一派学说看来，这种手不应心的婚姻选择实在并不是一件奇事，并且只要当事人在事前稍稍受一些别人的经验的指导，即稍稍受一些客观条件的限制，而不完全诉诸自由行动，它就不会发生。这是第二点。就中国与今日的形势而论，我以为第一我们不必像霭氏那般的认真。中国以前的婚姻，也是不自由的，但是束缚的由来，不是宗教，也不是法律，而是家族主义的种种要求，无论这种种要求的力量在以前多大，到现在已经逐渐消散，而消散的速率要比西洋宗教与法律的还要来得快。结果，尤其在大一些的都会里，不自由已一变而为太过自由，而成为一种颓废的自放。好比自鸣钟的摆一般，以前走的是一个极端，现在又是一个极端。要挽救以前的极端，我们固不能不讲些自由；要免除目前的极端，更不能不讲求些客观条件的节制。霭氏所自出的民族，是一个推尊个人与渴爱自由的民族，所以他的议论也很自然地侧重那一方面。但我们的文化背景与民族性格未必和盎格鲁-撒克逊人的完全相同，斟酌采择，固属相宜，全部效颦，可以不必。

二、女子经济应否独立的一个问题，到现在可以说是已经解决了的；但究宜独立到何种程度，和男子比较起来，是不是宜乎完全相等，还始终是一个悬案。霭理士在这一方面的议论，好比他在别的方面一样，是很周到的。在原则方面，他不但完全承认，并且把它认为讲求性道德的第一个先决条件。不过在实际上他也认为有很严重的困难。霭氏写这篇文字的时候，原是西方女权运动最热烈的时候，但是热烈的空气并没有蒙蔽他的视线，别人也许忙着替极端的男女平等论鼓吹，心切于求、目眩于视地把男女生理作用的区别完全搁过一边，认为无关宏旨，但是霭氏没有。他说："但上文种种还不过是一面的理论。女子的加入工业生活，并且加入后所处的环境又复和男子大同小异，这其间也就无疑地引起了另一派的严重的问题。文化的一般的倾向是要教女子经济独立，也要教她负道德的责任，是没有问题的。但是不是男子所有的职业以及种种业余职务，女子都得参加，都得引为己任，而后不但女子自身可得充分发展之益，而社会全盘亦可收十足生产之功，我们却还不能绝对地看个清楚。但有两件事实很清楚。第一，社会现有的种种职业与业余职务既一向为男子所专擅，则可知它们的内容和设备的发展是在以男子的品格与兴趣做参考，而与女子太不相谋。第二，种族绵延的任务与此种任务所唤起的性的作用，在女子方面所要求的时间与精力，不知要比男子的大上多少。有此两点的限制，至少我们可以了解，女子之于工业生活，绝不能像男子的可以全神贯注，而无遗憾。"

不能无遗憾的话是对的，二十几年前，霭氏写这篇文章的时候，这种遗憾还不很明显，但男女职业平等的试验又添上二十多年的经验以后，这种遗憾已一变而为切肤的痛苦。英人蒲士（Meyrick Booth）在他的《妇女与社会》（Woman and Society，即刘译《妇女解放新论》）一书里，在这方面讨论得最精到。霭氏那时候，因为情形还不严重，所以他这一段话是用小一号的字排印的，但在我们看来，以为它的重要并不在其他段落之下，所以在译文里也用四号字排印，而不用五号。事实胜雄辩，这唯一擅专改窜的一点，我也不向读者告罪了。

我以为时至今日，我们对于女子职业自由与经济独立的问题，实在已经可以有一个比较圆满的解决办法。在原则下它是毫无疑问，上文早就说过。就实际而论，我们折衷近年来一部分通人的见地，以为有一种看法与两三种办法，值得提出来商量。一、就健全的女子而论，我们总得承认生育是她们一生最主要的任务，不论为她们自身的健康计，或为种族全盘的发展计，这任务都是绝对少不得的。至少就她们说——不就她们说，又就谁说——职业的活动与经济的生产只得看做一件附属的任务，一件行有余力方才从事的任务。这是看法。由这看法，便产生下列的一些办法。无论一个女子将来从事职业与否，她应该有一种职业的准备，应该培植一种经济生产的能力。宁使她备而不用，却不能不备。在她受教育的时期里，除了普通的教育以外一切有职业训练的机会，也应当为她开着，就是那些平日专为男子而设的，也不应稍存歧视的态度，目的是在让她们各就性之所近，有一个选择的自由。同时我们当然不希望一班极端的女权运动者出来吹打鼓噪，因为这种吹打鼓噪的功夫也未始不是自由选择的一个障碍。有了职业与经济独立的准备，用也行不用也行，要用的话，我们以为不妨采取两种方式的任何一种。一是直接适用上文所提宾主的看法的结果。一个精力特强的女子，尽可于生育与教养子女之外，同时经营一种或一种以上的事业，但总以不妨碍子女的养育为限；二是精力寻常或觉得同时不能兼顾两种工作的女子便不妨采取罗素夫人所提的分期办法，就是，在婚姻以后，最初十年间或十五年作为养育子女的时期，过此便是从事职业的时期。这两个办法，我认为都很妥当。这两个办法又可以并做一个说，就是上文所说宾主的地位到了后来，不妨逐渐地对掉，起初养育子女的工作是绝对的主，后来子女渐长，不妨变做相对的主，到了子女都能进学校以后，职业的活动即作"夺主"的"喧宾"，亦无不可。

　　三、霭氏主张凡是不生育的性行为、性结合，与社会无干，社会不当顾问。这个主张可以说是富有革命性的。西洋社会对于这种主张，到现在当然还是反对的多，赞成的少。在赞成的少数人中间，在美国我们至少可以举一个做过三十年青年法庭的推事林哉（B.B.Lindsey）。在英国，则至少有哲学家罗素。他根据了三十年间应付青年性问题的经验，起初做了一本《现代青年的反抗》（*The Revolt of Modern Youth*，1925），所谓反抗，十分之九是对于旧的性道德观念的反抗，对不合情理的宗教、法律、与社会制裁的反抗；全书的理论与所举的实例，几乎全部可以做霭氏的"婚姻自由论"的注脚。林氏后来又发表一本《伴侣婚姻》（*Companionate Marriage*，1927）。要是《反抗》一书所叙的是问题，这本书所要贡献的便是问题的解决方法了。这方法是很简单的，就是：男女以伴侣方式的结合始，一到有了子女，才成为正常的婚姻，在没有子女以前，双方离合，却可不受任何限制。所谓伴侣的方式，就是一面尽可以有性交的关系，而子女来到的迟早则不妨参考经济和其他的环境情况，运用生育节制的方法，而加以自觉的决定。这种见解，可以说是完全脱胎于霭氏的学说的。罗素的见地则详他的《婚姻与道德》（*Marriage and Morals*，1929，中译本改称为《婚姻革命》）一书中，大体上和林氏的没有分别。

至于反面的论调，我们至少可以举马戈尔德（C.W.Margold）做代表。他做了一本专书，叫做《性自由与社会制裁》（*Sex Freedom and Social Control*，1926）。马氏以为人类一切行为都有它们的社会的关系，性行为尤其是不能做例外，初不问此种行为的目的在不在子女的产生。他以为霭氏在性心理学方面，虽有极大的贡献，但因为他太侧重生物自然与个人自由，对于社会心理与社会制裁一类的问题，平日太少注意，所以才有这种偏激的主张。这是马氏的驳论的大意；他还举了不少从野蛮、半开化、以及开化的民族的种种经验，以示社会制裁的无微不入、无远弗届。

对于这个问题，我很想做一个详细一点的讨论，并且很想贡献一种平议，但现在还非其时。不过这平议的大旨是不妨先在这里提出的。霭氏因为看重个人自由，所以把性道德建筑在个人责任心的基石之上，因为看重生物的事实，所以主张自然冲动的舒展，主张让它们自动地调节，而自归于平衡。自然的冲动既然有这种不抑则不扬、不压迫则不溃决的趋势，那么，只要再加上一些个人意志上的努力，即加上一些责任心的培植，一种良好的性道德的局面是不难产生与维持的。这种见地，我以为大体上虽可以接受，却有两个限制。一是霭氏所假定的对象是去自然未远的身心十分健全的人，这种人在所谓文明的社会里似乎并不很多。他们自然冲动的表现，不是不够，便是过火，而能因调剂有方、发皆中节的，实在并不多见。中国古代的圣哲不能不说"不得中行而与，必也狂狷"的话，原因也就在此。第二个限制是责任心的产生似乎也不是一件轻而易举的事，而究竟应该用什么方法来培植它，霭氏也并没有告诉我们。要是马氏和其他特别看重社会制裁的人的错误在过于侧重外力的扶持，霭氏的错误就在太责成个人，而同时对于个人自己制裁的能力，并没有给我们一个保障。

性道德应以社会为归宿的对象，是不错的，应以个人的自我制裁做出发点，也是不错的。制裁不能不靠责任心的培植，也是一个不可避免的结论。但制裁与责任心的养成，一面固然靠一个人的身心健康，一面也不能完全不仗外力的扶持。但这层霭氏却没有完全顾到。但所谓外力，我以为并不是一时代的社会的舆论，更不是东西邻舍的冷讥热笑，而是历史相传文化的经验。这又是马氏的观察所未能到家的地方，说到这里，我们中国儒家的教训就有它的用处了。以前儒家讲求应付情欲的方法，最重一个分寸的节字（后世守节的节字已完全失却本意），所谓"发乎情，止乎礼义"，便是这节字的注脚，我们和西洋的宗教人士不同，并不禁止一个人情欲的发动，和西洋的自然主义者也不同，并不要求他发动到一个推车撞壁的地步，但盼望他要发而中节、适可而止，止乎礼义的义字便等于宜字，等于适可而止。这适可的程度当然要看形势而定。夫妇之间的性生活的适可程度是一种，男女朋友之间的当然又是一种。张三看见朋友李四的妻子，年轻、美貌、人品端庄，便不由得不怦然心动，不免兴"恨不相逢未嫁时"之感。这就叫做"发乎情"，情之既发，要叫它立刻抑止下去，事实上当然不能，理论上也大可不必，要让它完全跟着冲动走，丝毫不加搁阻，势必至于引起许多别的问题，非特别喜欢多事的人也绝不肯轻于尝试。所以张三要是真懂得情理的话，就应当自己节制自己，他尽可以增加他敬爱李四妻子的程度，提高他和他们的友谊关系，而不再作"非分"之想，那"非分"的"分"就是"分寸"的"分"，这就叫做"止乎礼义"。发乎情是自然的倾向，止乎义也未始不是，不过是已经加上一番文化经验的火候罢了。"发乎情，止乎礼义"七个字，便是一种文化的经验，谁都可以取来受用，来培植他的自我制裁的能力，来训练他对人对己的责任心肠。

这样一说，不以生育为目的的性关系究竟是社会的还是私人的，也就不成为性道德问题的症结，问题的症结在大家能不能实践"发情止义"的原则。西洋社会思想的系统中间，总有一套拆不穿的"群己权界"的议论，任何道德问题，说来说去，最后总会掉进这权界论的旧辙，再也爬不出来。这在我们却并不是不可避免的。我们只知道此种行为不但不干社会全般的事，更不干第二个旁人的事，而完全是我个人的操守问题，而此种操守的准绳，既不是社会的毁誉、鬼神的喜怒、宗教的信条、法律的禁例，而是前人经验所诏示的一些中和的常道；中和的常道之一就是"发乎情，止乎礼义"。霭氏曾说："我们不会对不起道德，我们只会对不起自己。"发乎情而不能止乎礼义，所对不起的不是礼义，不是道德，不是社会，而是自己。

四、关于这一根柱石——女子性责任的自负自决——不比以前的三根，我想谁都认为是毫无问题的。性责自负，当然和经济独立的条件，有密切的关系。霭氏的理想，大约假定能够实行新性道德的社会，也就是所有的健全妇女经济上能够自给的社会。对于这一点，我们在上文已经略有修正，到此我们更不妨进一步的假定，以为所谓经济独立不一定要完全实在的。在教养子女之余，或教养子女以后，经营一种职业的女子，当然有她的实际的独立，不过在没有余力经营职业的女子，或平日有此余力而适逢分娩的时期以致不能工作的女子，我们始终得承认她们有与经济独立有同等价值的身份。有到这种"等值"（Equivalent）的身分，不论她实际赚钱与否，一个女子的责任、权利与社会地位，便应该和实际从事一种职业的人没有分别。至于性责自决，也是一样的不成问题，若就生育子女的一部分的责任而论，她不但应该自决，并且应有先决之权。在生育节制方法已经比较流通的今日，这不但是理论上应该、也是事实上容易办到的事。

　　要女子能够自负自决她的性的责任，经济的条件以外，还有一个教育的条件。也许教育的条件比经济的还要紧，因为经济的条件，往往可以假借，有如上文云云，而教育的条件却绝对不能假借。所谓教育的条件，又可以分为两部分说。第一是一般的做人的教育。这当然是应该和男子的没有分别。这部分的教育也包括专业的训练，目的在使她前途能经济独立，或有独立的"等值"。第二是性的教育，目的在除掉启发性卫生的知识以外，要使她了解女子在这方面的责任，要比男子的不知大上多少倍，并且假若不审慎将事，她在这方面的危险，也比男子要不知大上多少倍。有了第一部分的教育，一个女子就可以取得性责自负的资格；有了第二部分的教育，她更可以练出性责自决的能力。资格与能力具备以后，再加上经济自给的事实或准备，女子在新性道德的局面里，才算有了她应得的女主人的地位。霭氏在全篇议论里，对于这一层似乎没有加以相当的考虑。他对于"性的教育"，固然已另有专篇，但是对于上文所说的第一部分的教育，他既没有讨论，对于这两部分的教育和女子性责自负自决的密切关系，又没有特地指出。这实在是全篇中的一遗憾。

五、上文说过性道德的对象是社会，但这话还不完全。性道德的最后的对象是未来的社会，若就一人一家而论，便是子女。对于这一点，除了极端的个人主义者以外，我想也是谁都不能不首肯的。霭氏说：

> 就已往、目前与未来的形势而论，我们便可以得像法国女作家亚当夫人（Madame Juliette Adam）所说的一个综合的观察，就是，已往是男子的权利牺牲了女子，目前是女子权利牺牲了小孩，未来呢，我们总得指望小孩的权利重新把家庭奠定起来。

又说：

> 社会要管的是，不是进子宫的是什么，乃是出子宫的是什么。多一个小孩，就等于多一个新的公民。既然是一个公民，是社会一分子，社会便有权柄可以要求：第一他得像个样子，可以配在它中间占一个地位；第二他得有一个负责的父亲和一个负责的母亲，好好地把他介绍进来。所以爱伦凯说，整个儿的性道德，是以小孩子做中心的。

爱伦凯不但这样说，并且还为了这说法写了一本《儿童的世纪》（The Century of Child）的专书啊。

自从优生学说发达以后，子女不但成为性道德的中心，并且有成为一般的道德的对象的趋势。在民族主义发达的国家，这趋势尤其是明显。优生学家有所谓种族伦理的说法，以为伦理一门学问，它的适用的范围，不应以一时代的人物为限，而应推而至于未来的人物。有一位优生学的说客，又鼓吹"忠恕的金律应下逮子孙"

的道理。六七年前，我曾经不揣谫陋地写了一本《中国之家庭问题》，站的也完全是这个立场。

以子女为最后对象的性道德或一般道德，终究是不错的。我们为什么要生命？不是为的是要取得更大的生命的么？这更大的生命究竟是什么，当然各有各的见解。一班个人主义或享乐主义者以尽量满足一己的欲望为尽了扩大生命的能事；一班狭义的宗教信徒，以避免痛苦于今生，祈取福祉于来世，做一个努力的对象；但是另有一班人以为更大的生命实在就是下一代的子孙，而使此种生命成为事实的责任，一大部分却在这一代的身上。

说到这里，西洋近代的性道德就和中国固有的性道德，慢慢地走上了同一的大路。霭氏在这篇文字里，曾历叙西洋性道德的两种趋势，在中国的历史里，我们当然也有我们的趋势，读者要知道它梗概，不妨参考陈东原《中国妇女生活史》一类的作品，我们不预备在此多说。但这趋势里的最昭昭在人耳目的一点事实，是不能不一提的。就是，子孙的重要。"宜子孙"三个字始终是我们民族道德的最大理想。女子在婚姻上的地位，大众对于结婚、离婚、再醮、守寡等等行为的看法，虽因时代而很有不同，女子所蒙的幸福或痛苦也因此而大有出入，但最后的评判的标准，总是子女的有无与子女的能不能维持一姓的门楣与一宗的血食。贞操一事，始终似乎是一个目的的一种手段，而自身不是目的。"饿死事小，失节事大"终究是一两个理学家的私见，而不是民族经验的公言，民族经验的公言是：失节事小，子孙事大。俞樾（曲园）的《右台仙笔馆记》里，记着这样一段故事：

松江邹生，娶妻乔氏，生一子名阿九，甫周岁而邹死，乔守志抚孤；家尚小康，颇足自存。而是时粤贼已据苏杭，松江亦陷于贼。乔虑不免，思一死以自全；而顾此呱呱者，又非母不活，意未能决。其夜忽梦夫谓之曰："吾家三世单传，今止此一块肉，吾已请于先亡诸尊长矣；汝宁失节，毋弃孤儿。"乔寤而思之：夫言虽有理,然妇人以节为重,终不可失;意仍未决。其夜又梦夫偕二老人至,一翁一媪,曰:"吾乃汝舅姑也。汝意大佳,然为汝一身计,则以守节为重,为我一家计,则以存孤为重;愿汝为吾一家计,勿徒为一身计。"妇寤,乃设祭拜其舅姑与夫曰:"吾闻命矣"。后母子皆为贼所得,从贼至苏州。

乔有绝色,为贼所嬖,而乔抱阿九,无一日离。语贼曰:"若爱妾者,愿兼爱儿,此儿死妾亦死矣"。贼恋其色,竟不夺阿九。久之,以乔为"贞人",以阿九为"公子"——"贞人"者,贼妇中之有名号者也。

方是时贼踞苏杭久,城外村聚,焚掠殆尽,鸡豚之类,亦皆断种,贼中日用所需,无不以重价买之江北。于是江北诸贫民,率以小舟载杂货渡江,私售于贼。有张秃子者,夫妇二人操是业最久,贼尤信之,予以小旗,凡贼境内,无不可至。乔闻之,乃使人传"贞人"命,召张妻入内与语,使买江北诸物。往来既稔,乃密以情告之,谋与俱亡。乘贼魁赴湖州,伪言己生日,醉诸侍者以酒,而夜抱阿九登张秃子舟以遁。

舟有贼旗,无谁何者,安稳达江北。而张夫妇意乔居贼中久,必有所赢,侦之无有,颇失望;乃载之扬州,鬻乔于娼家,乔不知也。

娼家率多人篡之去,乔仍抱阿九不释,语娼家曰:"汝家买我者,以我为钱树子耳,此儿死,我亦死,汝家人财两失矣。若听我抚养此儿,则我故失行之妇,岂当复论名节。"娼家然之。乔居娼家数年,阿九亦长成,乔自以缠头资为束脩,俾阿九从塾师读。

俄而贼平,乔自蓄钱偿娼家赎身,挈阿九归松江,从其兄弟以居。阿九长,为娶妇;乃复设祭拜舅姑与夫曰:"曩奉命存孤,幸不辱命。然妇人究以节为重,我一妇人,始为贼贞人,继为娼,尚何面目复生人世乎?"继而死。

俞曲园曰:"此妇人以不死存孤,而仍以一死明节,不失为完人。程子云,饿死事小,失节事大,然饿死失节,皆以一身言耳。若所失者,一身之名节,而所存者,祖父之血食,则又似祖父之血食重而一身之名节轻矣!"

我记得以前看见这一段笔记的时候,在"天头"上注着说:"推此论而用之于民族,虽千万世不绝可也。"我现在还是这样想。

《性心理学》译序

像蔼理士（Havelock Ellis）在本书第三章里所讨论到的种切，译者是一个对于性的问题很早就感觉到兴趣的人，既感觉到兴趣，就不能不觅取满足这种兴趣的方法；在三十年前的环境里，向父母发问是不行的，找老师请教也是不行的，小同学们闲话，虽时常涉及这个问题，但偶有闻见，也是支离破碎的一些，足以激发更大的好奇心，而不足以满足正在发展中的知情两方面的欲望。

当时只有一条可以走的路，就是找书看，并且还不能冠冕堂皇地看，而必须偷看；所偷看的，不用说，十之八九是性爱的说部，而十之一二包括性爱的图画。记得在十岁前后，到二十岁的光景，这一类的东西着实看得不少。性爱的说部与图画也许有些哲学、道德以及艺术的意义，至于科学的价值，则可以说等于零。

在这个时期里，译者所看到的唯一有些科学价值的作品是一个日本医师所做的一本关于性卫生的书，那是先君因赴日本考察之便带回来的。译者那时候大概是十二岁，先君也看到译者在那里看，并且很开明地加以鼓励，说这是青年人应当看而童年人不妨看的一本书。先君的这样一个态度，对于译者后来的性的发育以及性的观念，有很大的甄陶的力量，这在译者后来的《性的教育》一本译稿里，曾一度加以论及，认为是最值得感谢与纪念的。

译者最初和蔼理士的作品发生接触是在民国九年，那时候译者是二十岁，正在清华学校高等科肄业。在清华当时就比较很丰富的藏书里，译者发现了蔼氏的六大本《性心理学研究录》（*Studies in the Psychology of Sex*，当时全书共六册，后来到民国十七年，蔼氏又增辑了一本第七册,以下简称《研究录》)。不过这部书在那时的学校环境里还是一部不公开的书,平时封锁在书库以外的一间小屋里,只有教师和校医可以问津,所以费了不少的周章以后,才逐本地借阅了一遍。别的同学知道以后,当然也有向译者转辗借看的。但大概都没有译者那样地看得完全。青年人处此境地,自不免有几分自豪,甚至有以小权威自居的心理。当时也确乎有不少的同学就自动恋和同性恋一类个人的问题向译者讨教,译者也很不客气地就所知逐一加以解答。至今思之,真不免哑然失笑!

又过了一二年,译者又有机会初次和福洛依特(Sigmund Freud)的精神分析论和此论所内涵的性发育论发生接触。记得当时读到的他的第一本书是《精神分析导论》(*A General Introduction to Psychoanalysis*),不用说,也是在书库里自由搜索的一个收获。同时,因为译者一向喜欢看稗官野史,于是又发现了明代末叶的一个奇女子,叫做冯小青,经与福氏的学说一度对照以后,立时觉察她是所谓影恋(见下文第三章第六节)的绝妙的例子,于是就借了梁任公先生在"中国历史研究法"班上责缴报告的机会,写了一篇《冯小青考》。译者出国游学后,曾经把它寄交商务印书馆的《妇女杂志》一度发表;后来归国,又把它扩充成一本小书,交新月书店出版,易名为《小青的分析》,再版时又改称《冯小青》,现归商务印书馆。这是译者对于性问题的第一次的研究尝试,所以敢在此一提。这一次的尝试事实上和霭理士没有关系,霭氏关于影恋的一篇论文发表得很迟,我们在《研究录》第七辑里才见到它。不过见到以后,译者也曾把霭氏的理论和小青的实例彼此参证,倒也没有发现甚么抵触就是了。

译者游学和游学归来后最初的几年里,因为忙着许多别的题目的研习,没有能在性的问题上继续用甚么功夫。固然,所谓别的题目,也大都不出人文生物学的范围,而和性的问题多少有些牵连的关系。不用说,和霭理士也不免增加了好几分的契阔。不过,在这时期里，契阔则有之，忘怀则没有。至少有三件小事可以作证。一、断断续续地阅读过好几种霭氏的其他的作品，其中至少有两种是和性的问题有直接关系的，一是《社会卫生的任务》（The Task of Social Hygiene），一是《男与女》（Man and Woman）。二、在有一个时候，有一位以"性学家"自居的人，一面发挥他自己的"性的学说"，一面却利用霭氏做幌子，一面口口声声宣传要翻译霭氏的六七大本《研究录》，一面却在编印不知从何处张罗来的若干个人的性经验，究属是否真实，谁也不得而知；和这种迹近庸医的"学者"原是犯不着争辩的，但到忍无可忍的时候，译者也曾经发表过一篇驳斥他的稿子。三、霭氏在这时候已经是一个七十岁上下的人，学成名就，不但在性心理学上是一个最大的权威，在人生哲学与文艺批评的范围以内，也有很大的贡献，美国批评家孟根（H.L.Mencken）甚至于称他为"最文明的英国人"（"the most civilized Englishman"）；所以在这几年以内，坊间出版的霭氏的传记至少有两种，其中有一种译者是特地购读过的；抗战以后，书剑飘零，如今虽连书名与著作人都记不起来，但当时曾经在《中国评论周报》（The China Critic）上写过一篇稿子，来表示我个人对于霭氏人格的敬慕，叫做《人文主义者的霭理士》（Havelock Ellis as a Humanist）。

译者并不认识霭氏，也始终不曾和他通过信；但二十年来，总觉得对他要尽我所能尽的一些心力，总好像暗地里向他许过一个愿似的。以前学问的授受，有所谓私淑的一种，这大概是一种私淑的心理罢。至于译者所许的愿，当然也是一般私淑的门弟子所共有的，就是想把私淑所得，纵不能加以发扬光大，也应当做一些传译的工作。七大本的《研究录》，价值虽大，翻译是不容易的，事实上也似乎是无须的，因为，有到可以读这全部《研究录》的学力的人，大抵也懂得英文，无烦传译；也因为，《研究录》是一种细针密缕的作品，最适宜于阅读与参考的人是医师、心理学者和其他有关系的学术专家，对于一般的读者，总嫌过于冗长，过于繁琐。上文所提的那位"性学家"就根本没有考虑到这一层，否则他决不会把他想翻译这部书的宏愿轻易发表出来。

不过七册之中，第六册或第六辑是比较的一个例外。它的内容固然是和其他诸辑一样的冗长繁琐，但题材不同，每一篇论文都代表着性与社会的关系的一个方面，即在一般的读者也一定会感觉到不少的兴趣。所以在民国二十三年的春季，译者特地选择了两篇，《性的教育》与《性的道德》，每篇成一本小书，交由上海青年协会书局出版。以此比霭氏的等身的著作，可以说是腋之于裘，勺水之于沧海，但历年私许的愿，总算是还了一些了。

译者在翻译这两篇论文的时候，时常联想到以至于抱怨着，霭氏为甚么不另写一本比较尽人可读的性心理学，一面把《研究录》的内容择要再介绍一过，一面把《研究录》问世以后二十年里这门学问所已获得的新进步补叙进去。原来在这二十年里，性心理学有过不少的发展，而此种发展又不止一方面：一是由于精神分析学派的继续的努力；二是人类学中所谓功能学派对于比较单纯民族性的生活的调查与研究；三是医学界对于个人性生活的统计的搜集与分析。这三方面的发展霭氏本人虽没有直接参加，但霭氏对于它们多少都有几分启发与感召的影响，并且始终曾经极关切地加以注视。

其实译者在作这种想望的时候，霭氏已经写好了这样的一本书，题目就叫做《性心理学》（*Psychology of Sex*），并且在英美的出版界已经流行了一年之久！中国坊间对于西文原版书的运售是一向落后的，教科书如此，非教科用的一般课余或业余的读物尤其是如此，所以一直等到民国二十三年秋，译者到清华大学任教，才看到这本新书，那时候它和世人相见已经快有两年的历史了。

译者多年来许下的愿到此该可以比较畅快地还一下了。还愿的心早就有，还愿的心力自问也不太缺乏，如今还愿的方式也有了着落，但是还愿的机缘与时间却还未到。教读生涯本来比较清闲，但加上一些学校的行政，一些零星研究与写作的需要，荏苒六七年间，也就无暇及此。一直到抗战军兴，学校播迁，零星研究既少资料，短篇写作又乏题材，于是又想到了霭氏的这本《性心理学》，译事于二十八年十一月十三日开始，至三十年十一月二十七日竣事，两年之间，时作时辍，有间断到三个月以上的，但最后总算是完卷了。记得霭氏在《研究录》第六辑的跋里，第一句就引一位诗人的话说："天生了我要我做的工作现在是完成了。"（The work that I was born to do is done.）译者不敏，至少也不妨说："我二十年来记挂着的一个愿现在算是还了！"

《性心理学》原书包括序文一篇，自绪论至结论凡八章，除绪论不分节外，每章分两节至十节不等，名词注释一篇，最后是索引。索引照例未译，名词注释分别见正文中，未另译；序文最后三段未译，原因见译者附注，其余全部照译，丝毫没有删节。

译笔用语体文，于前辈所持的信、达、雅三原则，自力求其不相违背。译者素不喜所谓欧化语体，所以也力求避免。译者以为一种译本，应当使读者在阅读的时候，感觉到他是在读一本中国书。和原文的中国书分不出来，越是分不出来，便越见得译笔的高明。往年译者摘译美国人文地理学家亨丁顿（Ellsworth Huntington）的《种族的品性》（The Character of Races）和传教师明恩溥（Arthur Smith）的《中国人的特性》（Chinese Characteristics）（今均辑入《民族特性与民族卫生》一书中），后来译《性的教育》与《性的道德》两文，也力求不违反这样一个旨趣。至于这个旨趣究属对不对，是要请读者及其他作译事的人加以评论的。

本书约三十四万言，其中约十万言是注和附录。注分三种。一是霭氏原注，占十分之一不足。二是霭氏所引用的书目。这又分两部分，一部分是见于《性心理学》原书的，比较的很简略，一部分则见于《研究录》，由译者就可以查明的查明辑入。这第二种注约占十分之二。三是中国的文献与习惯中所流传的关于性的见解与事例，所占当在十分之七以上。这当然是就译者浏览与闻见所及斟酌辑录，意在与原文相互发明，或彼此印证，也所以表示前人对于性的问题也未尝不多方注意，所欠缺的不过是有系统的研究罢了。关于同性恋，资料较多，若完全放入注中，颇嫌其分量不称，所以又作了一个附录。

霭氏于去年[①]作古，他的自传《我的生平》（*My life*），也于去年出版。译者于去年九月杪就从友人处借到这本书，读完以后，还留下一些笔记，准备替他做篇小传，附在本书后面。但是不幸得很，这一部分的笔记，后来在路南石林之游的旅途中全部失落，原书又已交还友人，如今远在几千里外，一时无法再度借读、补此缺憾！今目录附录中虽列有《霭理士传略》一目，恐最早须再版时才有兑现的机会。

[①] 1939年。